Aus seiner Kindheit gibt es kaum Anekdoten. Er respektierte und liebte seinen majestätischen, sehr religiösen Vater; er verehrte seine junge und fromme Mutter. Er war so sehr Kind – und empfand solche Liebe zu der großen Welt –, daß er auf die Mangobäume im Garten stieg, um die Mangofrüchte zu verbinden. Der spätere „Mahatma" war ein gutes Kind…

Nach seinem Tod, bis heute, bezeichnet man ihn in Indien als den „Vater der Nation". Aber sein eigentlicher Name ist Mohandas Karamchand Gandhi. Als er 1869 geboren wurde, war sein Land noch die englische Kronkolonie Indien. Als er 1948 ermordet wurde, war die Kronkolonie dank seiner der freie Staat Indien.

Doch in seiner Kindheit waren ihm
Dummheiten durchaus nicht
fremd: So rauchte er heimlich in
einem Versteck mit seinem moslemischen Freund, so fühlte er sich
trotz seiner Kindfrau von anderen
jungen Frauen angezogen, so aß er
das verbotene Fleisch und versuchte,

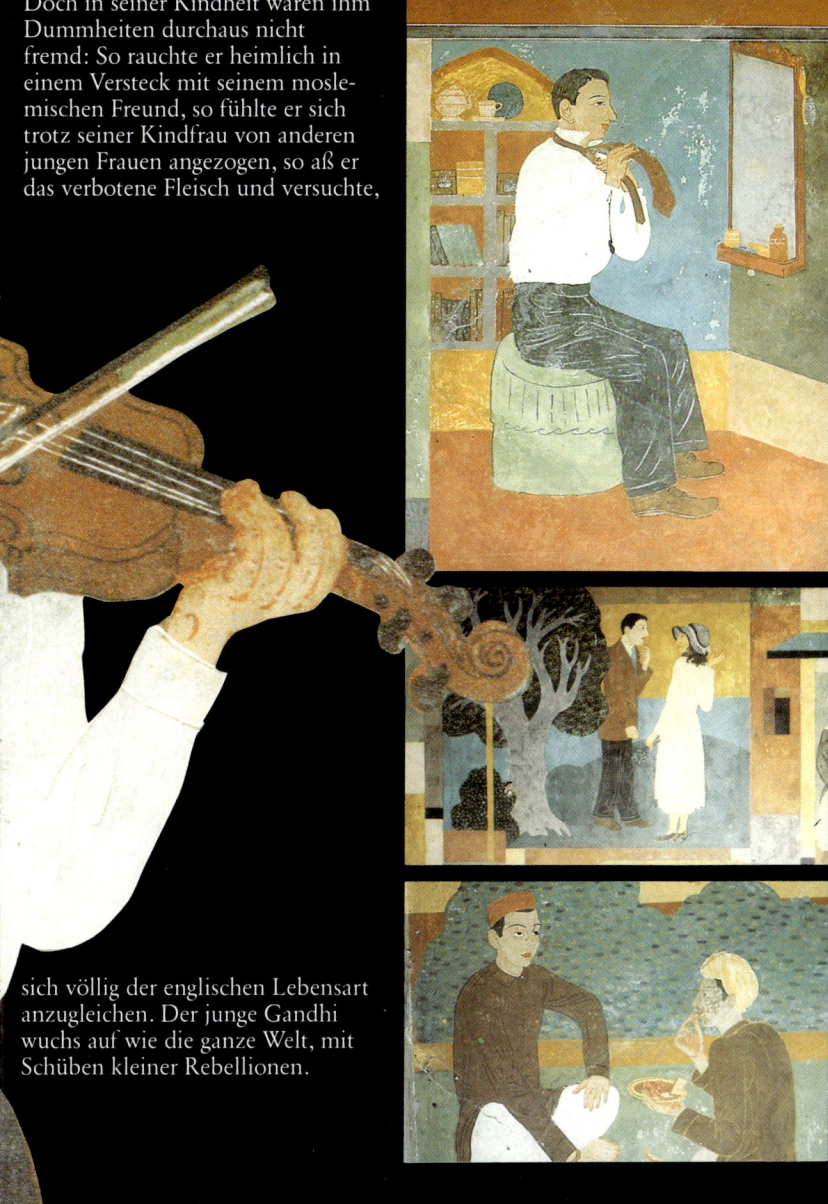

sich völlig der englischen Lebensart
anzugleichen. Der junge Gandhi
wuchs auf wie die ganze Welt, mit
Schüben kleiner Rebellionen.

Dann, in Südafrika, verdient sich der junge, schüchterne Rechtsanwalt seinen Lebensunterhalt, er lernt Rassismus und die Apartheid kennen, und er ändert sich. Er wird zu einem Sprecher der Wahrheit und zu einem Kämpfer der Freiheit, zum Satyagrahi. Die Züge des späteren Mahatma beginnen sich zu zeigen.

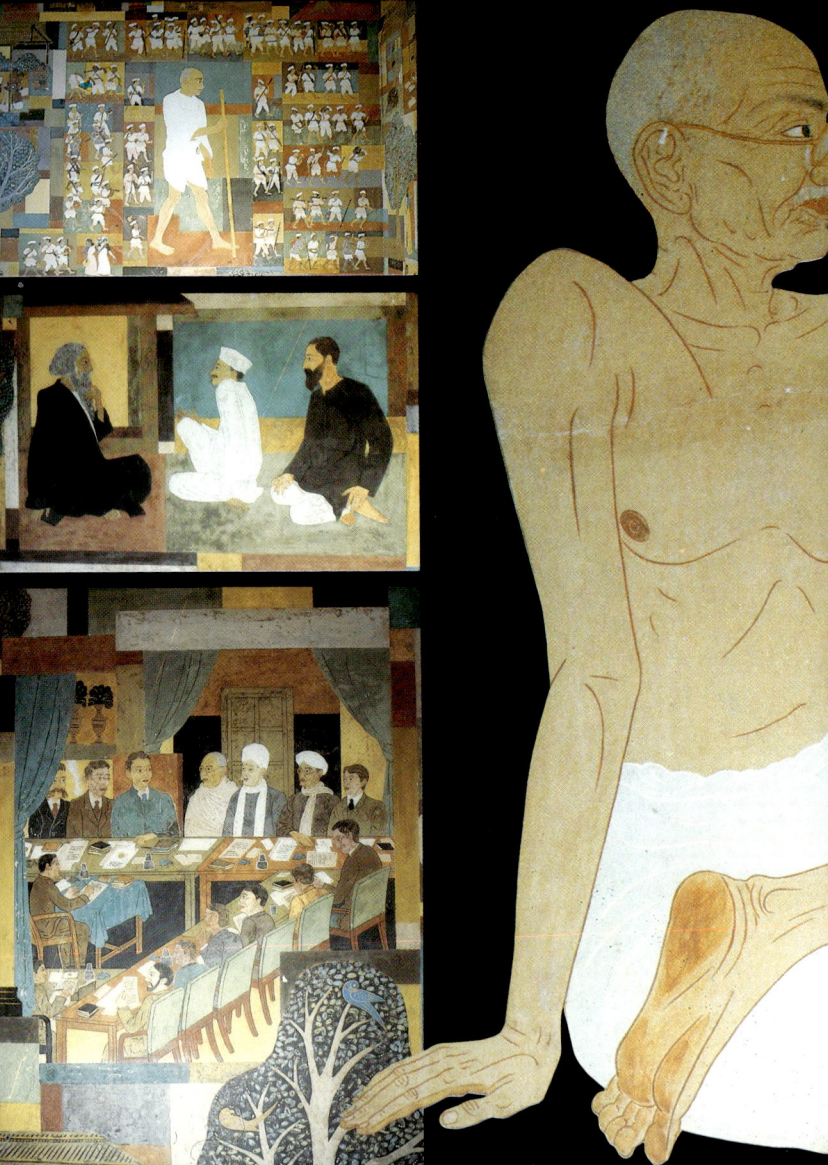

Zwischen 1915, dem Jahr seiner
Rückkehr nach Indien nach 20 Jahren Exil und Kampf, und 1948,
dem Jahr seiner Ermordung, führt
er Indien in seinem Kampf um die
Unabhängigkeit. Mit Hilfe nie da-
gewesener Methoden, mit leiser
Stimme und einem väterlichen
Lächeln hebt der Mahatma, die
„große Seele", schließlich eine neue
Welt, das aus eigener Kraft
unabhängig gewordene Indien,
aus der Taufe.

Catherine Clément, Autorin und Philosophin,
hat inzwischen zwölf Essays und vier Romane publiziert.
Heute lebt sie in Indien.

Deutsche Textfassung: Regina Schmidt-Ott
Wissenschaftliche Bearbeitung: Dr. Manfred Ehmer

Die Deutsche Bibliothek – CIP-Einheitsaufnahme

Gandhi: der gewaltlose Widerstand /
Catherine Clément, [Dt. Textfassung: Regina Schmidt-Ott.
Wiss. Bearb.: Manfred Ehmer. Red. der dt. Fassung: Martin Sulzer]. –
Dt. Erstausg. – Ravensburg: Maier, 1991
(Abenteuer Geschichte; 23) (Ravensburger Taschenbuch)
Einheitssacht.: Gandhi <dt.>
ISBN 3-473-51023-8
NE: Clément, Catherine; Ehmer, Manfred [Bearb.];
Sulzer, Martin [Red.]; EST; 1. GT

ABENTEUER GESCHICHTE

Deutsche Erstausgabe als Ravensburger Taschenbuch
© 1991 Ravensburger Buchverlag Otto Maier GmbH

Die Originalausgabe erschien unter dem Titel
„Gandhi – athlète de la liberté"
© 1989 Editions Gallimard, Paris

Redaktion der deutschen Fassung: Martin Sulzer

Alle Rechte dieser Ausgabe vorbehalten durch
Ravensburger Buchverlag Otto Maier GmbH
Satz: Eduard Weishaupt, Meckenbeuren
Printed in Italy by Soc. Editoriale Libraria

5 4 3 2 1   95 94 93 92 91

ISBN 3-473-51023-8

GANDHI
Der gewaltlose Widerstand

Catherine Clément

Gottes Segen
und alle guten Wünsche,
alles Liebe zu Deinem
60. Geburtstag
liebe Tante Marthel
u. Christian, Regina und
den Kindern

Otto Maier Ravensburg

August '83

ERSTES KAPITEL
BEWEGTE ANFÄNGE

A ls Gandhi geboren wird, sichert Indien bereits seit drei Jahrhunderten den Ruhm und die Wirtschaftsmacht des britischen Welt- reichs. 60 000 britische und 200 000 einheimische Soldaten schützen dieses riesige Gebiet, in dem 300 Millionen Menschen leben. Die Truppen werden von nur 10 000 Offizieren befehligt, und 2 000 Beamte des Indian Civil Service mit strenger englischer Ausbildung verwalten das ganze Gebiet.

D er Elefant, Symbol von Macht und Glanz der Mahara- dschas, übt auf England eine unwiderstehliche Faszination aus. Indiens wilder Zauber prägt sehr bald die Vorstellungen ganzer Generationen abenteuerlustiger junger Engländer.

Nachdem der portugiesische Seefahrer Vasco da Gama im
Jahr 1498 den Seeweg nach Indien entdeckt hat, wird
Indien bald zum Tummelplatz europäischer Kolonial-
mächte: der Portugiesen, der Engländer und der Franzo-
sen. In London wird im Jahr 1599 die *East India Company* * gegründet. Im Auftrag dieser Gesellschaft landet
Kapitän William Hawkins mit dem Galionsschiff der East
India Company, der „Hector", in Surat bei Bombay, um
dort eine Niederlassung zu gründen. „Handel, aber keine
Kolonisation", lautet die Devise der Neuankömmlinge.
Aber der Eroberungsdrang ist stärker, und die General-
gouverneure der Company annektieren ein indisches
Fürstentum nach dem anderen. Der Sieg 1757 bei Plassey
schließlich markiert den Beginn der britischen Oberherrschaft in Indien. Im Jahr 1858, als man nach der Nieder-
schlagung des Sepoy-Aufstands die East India Company
auflöst, wird Indien britische Kronkolonie. Deren
Geschick liegt in den Händen Königin Victorias, die sich
im Jahr 1877 zur „Kaiserin von Indien" krönen läßt.

In Simla, dem Bergrefugium der unter der Hitze lei-
denden Engländer und der Sommerresidenz des Vizekönigs, geben sich viele britische Verwaltungsbeamte dem
Müßiggang hin. Sie machen den schönen jungen Frauen
den Hof, suchen Rat und Zaubermittel bei den Priestern
exotischer Kulte oder tragen ihre Streitigkeiten manchmal
sogar mit dem Messer untereinander aus. Und obwohl
ihnen Tropenkrankheiten, gefährliche Fieber und auch

Dieses Foto von Königin Victoria (1837–1901), Kaiserin von Indien, das sie nie besucht, wurde 1893 in England aufgenommen. Die Uniform der Diener im vizeköniglichen Palast ist bis heute unverändert, der Palast in Delhi ist inzwischen Sitz des Präsidenten der Indischen Republik. Gleichfalls 1893 entstand diese Zeichnung (linke Seite) der Sommerresidenz des Vizekönigs auf den Höhen von Simla am Fuß des Himalaja.

kursive Begriffe siehe Glossar Seite 181.

Schlangenbisse zusetzen, erliegen sie doch alle dem wilden Zauber des indischen Subkontinents.

Zu dieser Zeit scheinen die Engländer sich für immer in Indien eingerichtet zu haben. Und mit den Einheimischen verkehrt man nicht.

Inder haben keinen Zugang zu den Klubs und den Häusern der Weißen, es sei denn als Bedienstete. Sie dürfen nicht in Nationaltracht auf der Hauptstraße von Simla erscheinen. So trinkt die „Herrenrasse" der weißen *Sahibs*

Rudyard Kipling wurde 1865 in Indien geboren. Nachdem er seit dem Alter von 6 Jahren in England gelebt hat, kehrt er von 1882 bis 1889 als Reporter nach Indien zurück, das er in seinen Romanen immer wieder beschreibt.

ihren Whisky, nimmt das Abendessen im Smoking ein und blickt voller Verachtung auf das scheinbar passive, ungebildete, ja unterentwickelte Volk herab. Immerhin dürfen die Besten der Inder in England studieren und lernen dort die Segnungen des gestärkten Kragens und des englischen Rechts kennen. Dieses Studium jedoch ebnet den Weg in den Wohlstand und auf eine soziale Stufe, die der der Engländer am nächsten kommt. Kein Wunder also, daß viele junge Inder davon träumen, in England auf die Universität gehen zu können, und sich darum bemühen, wenn sie es geschafft haben, es den Weißen möglichst gleichzutun. Und obwohl die Europäer ganz offensichtlich ihre Schwierigkeiten mit dem Klima und den Tropenkrankheiten haben, denkt niemand daran, ihre Vorherrschaft anzuzweifeln. Man akzeptiert das bestehende System fast wie eine gottgewollte Ordnung.

Auf dem indischen Subkontinent regeln religiöse Vorschriften das Leben.

Schicksal ist das immer wiederkehrende Wort im Hinduismus. Jeder Mensch wird in eine *Kaste* hineingeboren, aus der er nicht ausbrechen kann, wenn er nicht von der gesamten Gesellschaft verurteilt und geächtet werden will. Die einzige Pflicht des Menschen ist es, seinem *Karma*, seinem Schicksal, zu folgen. Nach einem Leben ohne Auflehnung gegen das Schicksal kann der Mensch darauf hoffen, nach seinem als unwichtig empfundenen Tod in einer höheren Kaste wiedergeboren zu werden. Aber das höchste Ideal, das nur Asketen erreichen können, ist es, nicht mehr wiedergeboren zu werden.

Es gibt 565 indische Fürstentümer und 16 britische Gouverneursprovinzen in der Kronkolonie Indien. Die indischen Fürstentümer werden von Hindus, den Maharadschas, oder Moslems, die den Titel Nawab oder Nizam führen, regiert. Diese Feudalherren gehen mit Vorliebe auf Tigerjagd und sind für ihren legendären Reichtum bekannt, den sie gern nutzen, um kostbare Steine, denen angeblich magische Kräfte innewohnen, zu erwerben. Andere lassen sich Spieltische aus Elfenbein und Gewänder aus Elefantenhaut anfertigen, wieder andere Gewänder aus Goldfäden. Oder man feiert mit großer Pracht die Hochzeit der Rassehunde. Alle haben eine Schwäche für teure Wagen und Luxusgefährte. Die Engländer teilen die Vorliebe der Fürsten für Treibjagden, Golf, Polo, Kricket und Tigerjagden. Im heutigen freien Indien dürfen Tiger nur noch dann getötet werden, wenn sie Menschenfresser sind, was vorher auch bewiesen werden muß.

Der Hinduismus erstrebt die Auflösung der menschlichen Person, ihr Eingehen in die Weltseele *(Brahma)*.

Alle großen indischen Religionen sind vom Hinduismus beeinflußt, der sowohl tolerante als auch fanatische Züge aufweist. Doch seine Tausende von Göttern, die für alle Lebensbereiche zuständig sind, üben eine gewaltige Faszination auf die Menschen aus. Der Buddhismus und der Jainismus entstehen um 500 v. Chr. aus dem Versuch, eine Reform des allzu starr gewordenen Hinduismus zu bewirken. Sie betonen das Streben nach dem Nicht-Sein, die Gleichgültigkeit gegenüber dem äußeren Schicksal, die Gewaltlosigkeit und die Selbstentäußerung. Eine besondere Variante des Buddhismus stellt der im Himalaja verbreitete Lamaismus eine Religion, die von

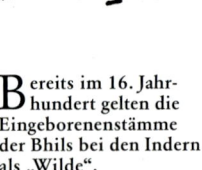

Bereits im 16. Jahrhundert gelten die Eingeborenenstämme der Bhils bei den Indern als „Wilde".

animistischen Dämonen beherrscht wird. Die kriegerische Religion der Sikhs dagegen, die im 15./16. Jahrhundert von Nanak begründet wurde, setzt an die Stelle der hinduistischen Göttervielfalt einen einzigen Gott.

Schon kurz nach der Entstehung des Christentums bilden sich in Indien auch einige versprengte kleine christliche Gemeinden. Nach der Legende soll der Apostel Thomas unter den Riesenkokospalmen Keralas am Ufer der Lagunen zu den Menschen gesprochen und sie bekehrt haben.

In noch früherer Zeit ließen sich bereits die Parsen, eine aus Persien stammende Gemeinschaft von Sonnenanbetern, dort nieder, und sogar Juden aus Palästina erreichten Indien nach der Zerstörung des Tempels in Jerusalem. Hindus, Parsen, Juden, Christen und ein paar Millionen Animisten leben im „Schmelztiegel" Indien friedlich zusammen, bis im 8. Jahrhundert der Islam erscheint. Arabische und persische Feldherrn erobern den Subkontinent, und ab dem 16. Jahrhundert beherrschen die *Moguln* Indien, bis sie im 18. Jahrhundert von den Briten abgelöst werden.

Noch heute werden in Delhi Hunderte von Gräbern und Moscheen von „Hausbesetzern" bewohnt, die diesen eindrucksvollen Bauten zu einem eigenen Leben verhelfen. Kuppeln, Mosaike aus rosa Sandstein und weißem Marmor, makellose Wölbungen, für die der Tadsch Mahal das berühmteste Beispiel ist, finden sich vor allem im mogulisch beeinflußten Nordindien.

Vishnu, Shiva, Krishna und viele andere...

Es gibt Tausende von Göttern im hinduistischen Pantheon. Unter ihnen ist Vishnu (nebenstehend mit seiner Gefährtin Lakshmi, der Glücksgöttin) der Hauptgott, der Schöpfer. Wenn nötig, verkörpert er sich als Avater (skr.: Herabgestiegener), sei es in Göttergestalt, sei es in Gestalt eines menschlichen Helden. Ein solcher Avater Vishnus ist der für seinen Charme berühmte Götterheld Krishna, der Verführer ungezählter Schäferinnen, von denen Radha (oben links) seine Lieblingsgefährtin ist. Im Gegensatz zu ihm steht Shiva, der Gott des Lebens und des Todes und der entschlossenen Askese. Sein Tanz (oben Mitte) symbolisiert den Zyklus der Wiedergeburt. Seine Ehefrau Parvati empfängt aus sich selbst ein Kind, den späteren Gott Ganesha, den der eifersüchtige Shiva enthauptet und mit dem Kopf eines Elefanten versieht (unten Mitte). Auch Shiva hat einen Sohn, der nur aus seinem Sperma entsteht: Es ist Skanda, der ewige Jüngling mit der Bumeranglanze (unten links).

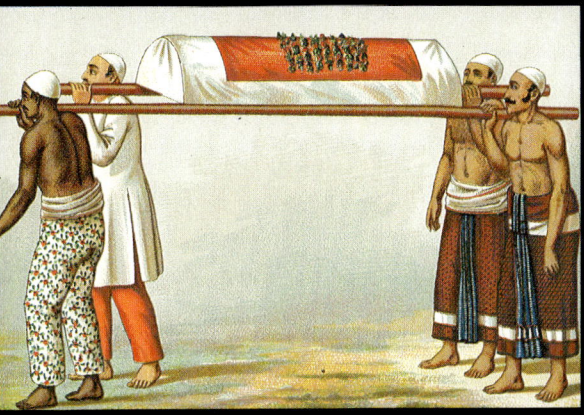

Islam, Judentum, Parsismus, Christentum

Die Hindus verbrennen ihre Toten (links: der Leichnam wird auf der Bahre zum Fluß gebracht), die Moslems bestatten sie (oben links: Träger mit Sarg). Andere monotheistische Religionen in Indien sind das Christentum, das sich von Anfang an dort etabliert. Noch älter sind die Wurzeln des indischen Judentums. Die aus Persien vertriebenen Parsen bilden die dritte monotheistische Glaubensgruppe. Christen (oben: Bildnis des heiligen Xaver) finden sich in der Gegend von Kerala und Goa, Juden (Gruppe unten rechts) in Bombay, Kalkutta und Cochin in Kerala. Die Parsen (Gruppe unten links) leben vor allem in Bombay.

Buddhismus und Jainismus; die Sikhreligion

Aus der alten Form des Hinduismus, dem Brahmanentum, haben sich drei weitere Religionen entwickelt: der Buddhismus mit seinem Gründer Gautama (Mitte), entstanden um 500 v. Chr. in Indien. Der Buddhismus ist die Religion des Kaisers Ashoka (272–231 v. Chr.), des ersten Einigers von Indien. Ähnlich wie der Buddhismus entsteht auch der Jainismus aus dem Bestreben, den Hinduismus zu reformieren. Ein Gesichtspunkt der Jaina-Lehre ist die Erhaltung des Lebens in allen seinen Formen. Der jainistische Mönch führt stets einen kleinen Besen mit sich, mit dem er den Boden vor sich kehrt, um auch nicht ein Insekt zu zertreten. Die kämpferische Sikhreligion schließlich ist später entstanden. Auch ihr liegt ein Reformwille zugrunde, gleichzeitig aber erstrebt sie eine Verschmelzung von Hinduismus und Islam. Der Religionsstifter der Sikhs ist der Guru Nanak (1469–1539, oben links).

Das Suttee, wie es die Briten nennen, ist das Opfer einer Witwe, die ihrem Mann freiwillig in die Flammen des Scheiterhaufens folgt. Damit wird sie zur Göttin Sati und bringt ihrer Familie und ihrem Dorf Reichtum und Heil. Der Brauch wird zwar 1829 offiziell abgeschafft, existiert aber bis in unsere Tage weiter.

Die Hindus essen weder Fleisch noch Fisch, ihren Frauen ist es verboten zu lächeln, während die Moslems kein Schweinefleisch essen noch Alkohol trinken dürfen und die moslemischen Frauen in der Öffentlichkeit einen Schleier tragen müssen. Diese Unterschiede werden immer wieder benutzt, um Unruhen auszulösen. In Zeiten der Spannung genügt ein kleiner Vorfall, um blutige Straßenkämpfe heraufzubeschwören. Im Lauf der Jahrhunderte gewöhnt man sich aber aneinander und lebt schlecht und recht nebeneinanderher.

Zu den Differenzen im religiösen Bereich kommen auch noch ethnische Unterschiede. In den nördlichen Ebenen leben hochgewachsene, ziemlich hellhäutige Nachkommen der indoeuropäischen Arier, während die Urbevölkerung im Süden Drawiden, eher dunkelhäutige und kleinwüchsige Menschen, sind. Schon in vorgeschichtlicher Zeit wurden die Drawiden jedoch von den Ariern unterdrückt. Im Osten des Landes schließlich leben die Nagas, einst Animisten und Kopfjäger, die heute jedoch zum Christentum bekehrt sind.

Der Zerfall Indiens in viele verfeindete Gruppen wird von den Briten noch gefördert. Erst allmählich besinnen sich die Inder auf ihre nationale Identität.

Die britischen Kolonialherren – nicht wesentlich anders als die indische Adelskaste – sind kaum an dem Land interessiert, das sie beherrschen: Ihre Kenntnis der sozialen

Spannungen nutzen sie lediglich, um ihre Herrschaft zu festigen. Nur sehr langsam entwickelt sich unter dem Einfluß des christlichen Humanismus ein Nationalbewußtsein.

In Bengalen gründet der *Brahmanen*-Gelehrte Ram Mohan Roy (1772 – 1833) die hinduistische Reformbewegung *Brahma Samaj*, die Gesellschaft der Brahmagläubigen, die unter anderem von den Engländern verlangte, die Witwenverbrennung auf dem Scheiterhaufen zu verbieten: In Indien wurden damals die Witwen zusammen mit der Leiche ihres Ehemanns verbrannt. Um die Mitte des 19. Jahrhunderts geht von Bengalen eine Bewegung mystischer Erneuerung aus, in deren Mittelpunkt der Mönch Ramakrishna (1836 – 1886) steht. Viele Jahre seines Lebens verbringt er in einem der Göttin Kali geweihten Heiligtum nördlich von Kalkutta, wo er auch als ein „Vollendeter" stirbt.

Keine Göttin ist schrecklicher als Kali, „die Schwarze", die Beschützerin Kalkuttas. Die Stadt feiert zu ihren Ehren alljährlich ein hemmungslos leidenschaftliches Fest. Einerseits ist sie mörderisch – sie entstammt einem Bündnis mehrerer Götter, die sich ihrer im Kampf gegen einen bösen Geist bedienen –, andererseits entfaltet sie unter dem Namen Durga auch wohltätige Wirkung. Kali-Durga ist Verkörperung von Leben und Tod in einem: die fröhlich tanzende Mutter, die ihre Kinder ernähren, aber auch töten kann, schützende Macht und zerstörerische Kraft zugleich. Die großen mystischen Intellektuellen des 19. Jahrhunderts, Ramakrishna und Vivekananda, haben die Göttin, die Devi, in die Große Mutter verwandelt.

Der bekannteste Schüler Ramakrishnas ist der Mystiker Swami Vivekananda (1862 – 1902). Er entdeckt als erster die eigenständige Kraft des Hinduismus, vertritt ihn öffentlich auf dem Kongreß der Weltreligionen in Chicago 1893 sowie auf zahlreichen Reisen durch Amerika und Europa. Ganz von religiöser Leidenschaft erfaßt, stirbt er als 40jähriger in ekstatischer Verzückung.

1885 gründet der Engländer Allan Octavian Hume mit Zustimmung Londons eine Partei, die es den Indern ermöglichen soll, ihre Forderungen in demokratisch gemäßigter Form zum Ausdruck zu bringen. Diese Partei nennt sich Allindischer Nationalkongreß oder Kongreßpartei. Doch ihre Mitglieder haben kein eigentliches politisches Programm, sondern kümmern sich mehr darum, ihre guten Manieren zu vervollkommnen. Und man kleidet sich europäisch, denn auf einen national gekleideten Inder verschwenden die „Sahibs" keinen Blick.

Porbandar, der Geburtsort Mohandas Gandhis, ist eine nach Afrika ausgerichtete Hafenstadt. Im Herzen der „Weißen Stadt" ist das Haus der Gandhis von zwei Tempeln eingerahmt. Sein Vater ist, wie seine Vorfahren seit drei Generationen, Premierminister des winzigen Fürstentums Rajkot auf der Halbinsel Kathiavar, dessen Hauptstadt Porbandar ist.

Mohandas wird in eine wohlhabende Familie hinein-geboren, gehört allerdings trotzdem noch längst nicht der Oberschicht an.

Porbandar am Oman-Meer ist eine Fischer- und Reeder-stadt. Sie ist aus weißem Stein gebaut, mit vielen Gäßchen und voller Tempel. Bereits seit mehreren Generationen übt hier das Familienoberhaupt der – durchaus wohl-habenden – Gandhis das angesehene Amt des Premier-ministers in dem winzigen Fürstentum Rajkot aus. Doch der Name Gandhi, „Händler", deutet darauf hin, daß die Familie nicht zu den beiden obersten Kasten gehört, den Brahmanen (Gelehrte) und den Kshatriyas (Krieger), son-dern zur dritten Kaste der Vaishyas, der Kaufleute. Dar-unter gibt es noch zwei weitere Kasten, die der Shudras, der Ackerbauern, sowie der Parias, der Unberührbaren.

Der kleine Mohandas entstammt als vierter und letz-ter Sohn der vierten Ehe des Karamchand Gandhi. Er wird in einem der großen, mehrstöckigen Häuser geboren, in denen mehrere Familien in kleinen Räumen eng aufeinander leben. Das vielköpfige Zusammenleben erfordert Aufmerksamkeit, Ordnungssinn, Rücksicht auf andere sowie Kompro-mißbereitschaft – Eigenschaften, die Karamchand Gandhi besitzt.

Seine Frau Putlibai verrichtet als gute indische Ehefrau die täglichen Gebete nach den vor-geschriebenen religiösen Riten. Sie ist eine fromme und ebenfalls sehr tolerante Frau, die sich freiwillig reinigende Fasten auferlegt: Sie gehört einer kleinen religiösen Be-wegung an, den Bekennern des Jainismus, die sich eine strenge Ethik auferlegen.

Der kleine Mohandas, genannt Mohania, spielt in dem weitläufigen Haus und ist überall zu finden; „wie Quecksilber", wie seine Schwester später sagt. Er erkundet die Straßen und Gassen des Bazars und zeigt sich von un-ersättlichem Wissensdurst.

Es wird sogar von ihm erzählt, daß er auf den Mango-baum im Garten stieg, um „die Mangofrüchte zu ver-binden". Seine kindliche Hilfsbereitschaft ist entwaffnend, mit seiner Art bezaubert er seine Umwelt. Dann wird er größer, doch zum Reifen hat er kaum Zeit.

Nach der orthodoxen hinduistischen Lehre haben nur die Brahmanen, die oberste Kaste der Gebildeten, das Recht, Opfer zu bringen. Gandhis Fami-lie gehört nicht zur Kaste der Brahmanen, sondern zu der der Vaishyas, der Kaufleute, die in der sozialen Hie-rarchie ziemlich weit unten rangieren. Inner-halb der Handelskaste gehören die Gandhis zu den Modhs Banias. In ganz Indien bedeutet das Wort bania „schlauer, gerissener Kaufmann".

Entsprechend den hinduistischen Bräuchen seiner Zeit wird Mohania schon sehr früh, als Teenager, verheiratet.

Mit 14 Jahren wird Mohania offiziell verheiratet. Wie damals üblich, kennt er seine Braut nicht. Kein Wunder, daß die 13jährige Kasturbai für ihn kaum mehr als ein hübsches Spielzeug ist. „O diese wunderbare erste Nacht", sagt er später einmal, „zwei unschuldige Kinder stürzen sich, ohne es recht zu wissen, kopfüber ins Leben hinein…"

Fasziniert von der neuen Rolle und Autorität, läßt Mohania seiner Kindfrau keine Ruhe mehr. Er bedrängt sie im Bett, verbietet ihr zu spielen, spazierenzugehen oder Freundinnen zu haben. Das Ehepaar beginnt sich zu streiten, die Gatten gehen sich aus dem Weg. Dennoch liebt Mohandas seine Frau leidenschaftlich.

Doch noch immer ist er längst nicht erwachsen. Voller Neugier auf die Welt probiert er alles aus: Er raucht. Er entdeckt die narkotisierende Wirkung der Datura-Pflanze. Und er widersetzt sich. Zusammen mit einem Freund beschließt er, aus Protest gegen seine Unfreiheit

Kasturbai ist 13 Jahre alt, als man sie mit Mohandas verheiratet. Über ihre Hochzeitsnacht schreibt Gandhi: „Es braucht keine Lehre, um deutlich zu fühlen, daß es eine Präexistenz gibt."

Von allen Söhnen Vater Gandhis hat nur der Jüngste, der kleine Mohandas, einen ausgeprägten Familiensinn. Schon als Kind ist er von einem Theaterstück fasziniert, das die Geschichte eines Mannes erzählt, den die Götter auf die Probe stellen. Es handelt sich um König Harishchandra, der aus Frömmigkeit seine Habe einem Brahmanen schenkt, dessen Sklave wird und sogar seinen Sohn verliert, bis ihm die Götter, ähnlich wie bei Hiob, seine Würde und seinen Besitz zurückgeben. Noch eine andere Geschichte rührte das Herz Mohanias: die des Sohnes, der auf seinem Rücken seine alten, blinden Eltern trägt. Shravana stirbt vor Erschöpfung. Und das Lied, das davon berichtet, spielt der spätere Mahatma in seiner Jugend oft auf seinem Akkordeon.

Selbstmord zu begehen. Mit drei Körnern *Belladonna* ... Hier endet der Selbstmordversuch, nicht aber die Auflehnung gegen Bevormundung und Unfreiheit.

Mohandas schließt Freundschaft mit einem jungen Moslem, Scheich Mehtab. Dieser veranlaßt ihn, Fleisch zu essen, damit er stark werde wie ein Engländer. Und er bringt ihn mit anderen Frauen zusammen, nachdem er in Mohandas die Eifersucht auf seine junge Frau geweckt hat – wozu es bei dem ausgeprägten Besitzerstolz des jungen Mannes nicht viel braucht. Heimlich setzt Mohania seine Eskapaden fort, entschuldigt sie vor sich selbst damit, daß er seinen Freund, den die Familie Gandhi als Nichtsnutz verabscheut, ja bekehren wolle.

Er kommt erst zu sich, als sein Vater ernsthaft erkrankt. Er bleibt am Lager des Vaters und pflegt ihn aufmerksam. Aber Karamchand Gandhi erholt sich nicht. Eines Nachts stiehlt sich Mohandas vom Krankenlager des Vaters. Die Sehnsucht nach seiner bereits schwangeren Kasturbai ist stärker als alles andere. Ein Onkel übernimmt die Wache am Krankenlager. In derselben Nacht holt man Mohandas aus seinem Bett: Sein Vater ist gestorben, ohne den Sohn ein letztes Mal gesehen zu haben.

Und das Kind, das Kasturbai dann zur Welt bringt, lebt nicht lange. Mohania verzehrt sich in Selbstbeschuldigungen: Er fühlt sich schuldig am Tod des Vaters, schuldig auch daran, daß sein Kind nicht lebensfähig ist. Er ist gerade 16 Jahre alt, als er durch diese Ereignisse sehr schnell erwachsen wird. Zwei Jahre später, nach Abschluß seiner Schulausbildung, beschließt er, in England Rechtswissenschaften zu studieren. Seine Mutter ist dagegen, sie fürchtet, ihr Sohn werde dort die hinduistischen Vorschriften der Reinheit mißachten und Fleisch essen. Ein Freund der Familie macht schließlich einen Kompromißvorschlag, der Putlibai zufriedenstellt: Mohandas verspricht, sich von Wein, Frauen und Fleisch fernzuhalten.

Kurz vor Gandhis Abreise kommt es jedoch noch zum Eklat: In Porbandar halten Mitglieder seiner Kaste eine Generalversammlung ab und verbieten ihm, die Reise anzutreten. Doch Mohandas beugt sich ihrem Beschluß nicht – und wird aus der Kaste ausgestoßen: „Von heute an wird dieses Kind als Paria behandelt. Wer immer ihm behilflich ist oder ihn am Kai verabschiedet, wird mit einer Geldstrafe von einer *Rupie* und vier *Annas* belegt." Mit hinduistischen Vorschriften ist nicht zu spaßen.

Erst der aus seiner Kaste ausgestoßene Mohandas entdeckt in England seine Identität als Inder.

Gandhi ist froh, sein bisheriges Leben, die Unterworfenheit unter seine Leidenschaften, hinter sich gelassen zu haben. In London ist alles anders, alles neu: der Umgang mit Messer und Gabel, die „guten Manieren", das Recht und vor allem die ungewohnte Art, sich zu kleiden. Er bleibt der Farbe Porbandars, Weiß, treu und trägt bei seiner Landung in England einen eleganten Flanellanzug, so daß sich die schwarzgekleideten Passanten auf der Straße nach ihm umdrehen. Er lernt, eine Krawatte zu binden, sein Haar mit Pomade zu glätten und einen

In seiner Autobiographie schildert Gandhi seinen Vater als einen jähzornigen, „sinnlichen Freuden nicht abgeneigten" Mann. Mit nahezu 50 Jahren heiratet dieser seine vierte Frau, ein 18jähriges Mädchen, während seine dritte, unheilbar kranke Ehefrau noch am Leben ist. Der kleine Gandhi liebt seinen Vater sehr. Als 15jähriger gesteht er einmal seinem Vater einen kleinen Diebstahl. Der Anblick seines darüber weinenden Vaters beeindruckt ihn tief: „Diese Tränen der Liebe", schreibt er, „drangen mir tief ins Herz. Sie reinigten mich von meiner Sünde." Aber als sein geliebter Vater stirbt, ist Gandhi mit Kasturbai beschäftigt...

seidenen Bowlerhut zu tragen. Und alles Neue zieht ihn gleichermaßen an: das Geigenspiel, das Tanzen, die französische Sprache. Das dritte Gelübde Gandhis, kein Fleisch zu essen, erinnert ihn jedoch an seine indische Herkunft: Mit der gleichen Leidenschaft, mit der er zunächst Ehemann war, wendet er sich nun dem Vegetariertum zu. Er wird Mitglied in einer vegetarischen Gesellschaft und fängt an, seine Ausgaben einzuschränken.

„Englische" Lektionen für den künftigen Mahatma: Bridge, westliche Kleidung, Diätetik und vegetarische Gesellschaften.

Er spart am Essen, am Reisen und schließlich auch am Wohnen, nie jedoch an seiner Kleidung. Er geht viel zu Fuß, ißt wenig und lebt in bewußter Armut.

Und sein Verhältnis zu Frauen? Er bleibt ihnen fern, ist scheu und linkisch. Allerdings ist er nicht ganz aufrichtig; er verschweigt seine frühe Ehe und gibt sich als unverheiratet aus. – Bis zu dem Tag, als eine seiner englischen Gönnerinnen es sich in den Kopf setzt, ihn zu verheiraten. Erst da muß er die Existenz Kasturbais zugeben. Als er eines Tages erschrocken feststellt, daß er sich von einer anderen Frau angezogen fühlt, widersteht er der Versuchung gerade noch rechtzeitig: „Ich zitterte, mein Herz klopfte, ich fühlte mich wie ein gejagtes Wild, das dem Jäger gerade noch entgangen war." Der Einfluß Scheich Mehtabs ist endgültig geschwunden.

Ausgerechnet in England kommt es zu Gandhis erster Begegnung mit Gott. Bis dahin hat er in „der Sahara des Atheismus" gelebt und den Tempel nie besucht. Aber jetzt beginnt er zu lesen. Er entdeckt das Neue Testament, die Bergpredigt und auch Edwin Arnolds Buch „Leuchtendes Asien". Aber er liest auch die „Bhagavad-Gítá", die große Schrift seiner eigenen Religion, die Lehre vom Verzicht auf die Welt, den eigenen Körper und auf das Leben selbst. Die Faszination Englands hat ihn zu seinen eigenen Ursprüngen zurückgeführt. Erst in London erkennt er sich als Hindu und mehr noch als Inder.

1891 läßt sich Mohandas Gandhi in London als Anwalt einschreiben. Als ausgebildeter Rechtsanwalt und als völlig neuer Mensch kehrt er nach Bombay zurück.

Bei seiner Abreise aus London hat Gandhi den Inder in sich entdeckt. Aber er hat auch gelernt, sich des englischen Rechts zu bedienen. Der Geist der Gesetze ist ihm von da an genauso bewußt wie seine indischen Wurzeln.

Der göttliche Wagen-lenker Krishna enthüllt dem Heroen Arjuna die Wahrheiten des Kosmos und der Wiedergeburt. Diese berühmteste Szene aus dem großen Epos „Mahabharata" findet am Vorabend einer ungeheuren legendären Schlacht statt, in der es um die Erleichterung der Erde geht, die sich bei den Göttern über ihre allzu drückende Last beschwert hat. Arjuna, der eine Heer-führer, weigert sich, gegen die Feinde zu kämpfen, die gleichzei-tig seine Vettern sind. Ziel der „göttlichen" Lektion Krishnas ist es, Arjuna den menschli-chen Hang zum Mit-gefühl auszutreiben mit dem Hinweis auf die Leere des menschlichen Lebens und die Vergäng-lichkeit der körperli-chen Hülle. Wie vom Donner gerührt durch Krishnas Vision und den sich in der Gestalt seines Wagenlenkers verbergenden wahrhafti-gen Gott, nimmt Arjuna doch an der Schlacht teil, siegt, und die Erde findet Erleichterung.

Doch obwohl er sich durch seinen Aufenthalt in Eng-land befreit fühlt wie ein ehemaliger Gefangener, zeigt er sich in seiner Heimat so schüchtern wie zuvor. Als ihn sein Bruder Laxmidas Gandhi bittet, seine Angelegenheit gegenüber einem britischen Kolonialbeamten, der ihn zurückgewiesen hat, zu vertreten, zögert der junge Anwalt. Und als er sich dann doch entschließt einzugreifen, ver-hält er sich so ungeschickt, daß man ihn hinauswirft. Er hat nicht überzeugt – noch nicht.

Der Hinauswurf durch den britischen Beamten rui-niert Gandhis noch nicht begonnene Karriere. So bleibt ihm nichts anderes übrig, als bei einer indischen Firma eine Stellung in Südafrika anzunehmen. Immerhin wird er gut bezahlt, reist erster Klasse und hat zunächst für ein Jahr Arbeit.

Wieder muß er Indien verlassen. Seine Mutter ist bereits während Gandhis Englandaufenthalt gestorben, Kasturbai ist kein kleines Mädchen mehr, sondern inzwi-schen selbst Mutter zweier Söhne. Der zweite Abschied von Indien fällt Gandhi sehr schwer. Er weiß es noch nicht, aber erst jetzt beginnt das Leben, der Kampf für ihn wirklich.

ZWEITES KAPITEL

DIE PRAXIS DER WAHRHEIT
ODER WIE MAN GANDHI WIRD

In der zweiten Hälfte des 19. Jahrhunderts besteht Südafrika aus der von der britischen Krone verwalteten Kapkolonie sowie aus den Burenrepubliken Natal, Oranje-Freistaat und Transvaal. Die Arbeitskräfte, die man auf den Tabak-, Kaffee- und Zuckerrohrplantagen braucht, rekrutiert man in Indien. So zählt man im Jahr 1896 10 000 Inder in der Kapkolonie, 51 000 in Natal und 5 000 in Transvaal.

Neben den elenden Massen – häufig Unberührbare – gibt es die „freien", aktiven und unternehmerisch tätigen Inder, die den Weißen in den freien Berufen und im Handel Konkurrenz machen. Für die Weißen sind alle Inder, gleich ob Brahmane oder Unberührbarer, nichts weiter als „Kulis", die kein Recht auf ein menschenwürdiges Leben haben, ja nicht einmal den Gehweg benutzen dürfen.

Als der Anwalt Gandhi auf einer Dienstreise nach Pretoria durch den kleinen Bahnhof Mauritzburg kommt, wird ihm zum erstenmal bewußt, daß man ihn nur für einen „dreckigen Kuli" ansieht: Er ist im Besitz einer Fahrkarte für die erste Klasse. Das bemerkt ein Weißer und läßt ihn kurzerhand mitsamt seinem Gepäck auf den Bahnsteig setzen. Dort verbringt Gandhi die ganze Nacht, starr vor Kälte und Empörung: Diese Nacht macht ihn zum Politiker.

Zunächst gelingt es ihm, die beiden streitenden Parteien in seinem Prozeß durch einen Kompromißvorschlag zu versöhnen. Dann sammelt er in Pretoria die indische Minderheit und hält den Menschen in krassen Worten ihre Lebensbedingungen vor Augen. Durch immer neue Versammlungen und Proteste erreicht er sehr schnell das scheinbar Unmögliche: Korrekt gekleidete Inder dürfen von nun an in der ersten Klasse reisen. Seine bei den Auseinandersetzungen mit den Bürokraten entwickelten Fähigkeiten machen ihn auch zum erfolgreichen Anwalt, ja zum Vorkämpfer für die Freiheit. Als er nach dem vereinbarten Jahr in Südafrika sich anschickt, wieder nach Indien zurückzukehren, veranstalten seine Anhänger ein Abschiedsfest für ihn. Bei dieser Gelegenheit fällt Gandhis Blick zufällig auf einen Zeitungsartikel: Die Regierung von Natal will Indern das Recht streitig machen, Abgeordnete für das Parlament zu wählen. Man bittet Gandhi, deshalb seine Abreise um einen Monat zu verschieben, und er stimmt zu.

„So legte Gott den Grundstein für mein späteres Leben in Südafrika, so säte er den Samen, aus dem sich der Kampf für unsere nationale Würde entwickeln sollte."

Von Anfang an schart Gandhi aufrichtige, gleichgesinnte Männer und Frauen um sich, die seine Ideale teilen und seine Forderung nach einem einfachen Leben bejahen. So z. B. Henry Polak (links), einst ein Journalist, und Miss Schlesin (rechts), eine Sekretärin russischer Herkunft. Diese Menschen sind die ersten Weißen in einer langen Reihe von Weggefährten des späteren Mahatma.

Innerhalb von 14 Tagen sammelt Gandhi 10 000 Unterschriften unter seine erste Eingabe und gründet die indische Kongreßpartei Natals. Da Gandhi die Wirkung des geschriebenen Worts kennt, veröffentlicht er zur selben Zeit zwei Broschüren, zwei „Appelle" an die weiße Öffentlichkeit: den „Appeal to Every Briton in South Africa" und „The Indian Franchise". Nun hat aber die Regierung der Weißen, an die Gandhi seine Appelle richtet, kurz zuvor beschlossen, daß Vertragsarbeitnehmer, die unbefristete Arbeitsverträge anstreben, dafür eine Gebühr von drei Pfund, d. h. den Gegenwert von sechs Monatseinkommen, entrichten müssen. Gandhi erkennt, daß er noch länger in Südafrika bleiben muß, und fährt nach Indien, um seine Familie zu holen.

Allmählich schafft sich Gandhi sein eigenes, unverwechselbares Image: Aus dem anglifizierten wird der eingeborene Inder (Swadeshi) im weißen Baumwollgewand, dem Calot, das noch heute von Mitgliedern der einflußreichen Kongreßpartei getragen wird. Ursprünglich war es das Kleidungsstück der südafrikanischen Gefangenen.

Aber bei seiner Landung in Bombay bricht dort die Pest aus. Gandhi bietet den Behörden der Stadt Rajkot seine Dienste an. Er inspiziert die Latrinen und stellt dabei fest, daß die der Reichen wesentlich schmutziger sind als die der Armen. Damit kommt er auf sein Lieblingsthema, die Bedeutung von Hygiene und Sauberkeit.

Doch er vergißt darüber nicht das Schicksal der Inder in Südafrika und nutzt den Aufenthalt in Indien auch, um seine Landsleute darauf hinzuweisen. Er appelliert an die Presse, er veröffentlicht die sogenannte „Grüne Broschüre", er trifft sich mit führenden Kongreßpolitikern. Als ihn jedoch ein dringender Ruf erreicht, nach Südafrika zurückzukehren, schifft er sich sofort auf einem indischen Auswandererschiff ein.

Im Zielhafen Durban wird das Schiff unter Quarantäne gestellt. Zunächst heißt es, das geschehe wegen der Pest, aber dann sollen die Einwanderer gänzlich am Aussteigen gehindert werden. Als Gandhi dennoch von Bord geht, bricht der Aufruhr los: Er wird umringt, gegen ein Gitter gedrängt, mit Steinen und faulen Eiern bombardiert und stürzt schließlich zu Boden. Wäre nicht die Frau des Polizeikommissars gewesen, die ihn mit ihrem geöffneten Schirm schützte, die Menge hätte Gandhi gelyncht.

Die Unruhen in Südafrika erregen das Mißfallen Joseph Chamberlains, des Staatssekretärs für koloniale

Belange in London. Er fordert eine strafrechtliche Verfolgung der Angreifer, doch Gandhi stellt sich dem öffentlich entgegen: Wenn man den Gegner entwaffnen wolle, müsse man ihn zur Einsicht bringen und dürfe nicht eine Ungerechtigkeit mit einer anderen vergelten. Immerhin reagiert die Regierung von Natal und untersagt gesetzlich diskriminierende Bezeichnungen wie „Rasse“ und „Farbe“. Doch die weiße Bevölkerung findet sich nicht ohne weiteres damit ab. Gandhi erkennt, daß der Kampf noch nicht zu Ende ist.

1899 bricht der Burenkrieg aus. Als treuer Bürger Englands meldet sich Gandhi zum Sanitätsdienst.

Das von Gandhi gegründete indische Sanitärcorps erregt allgemeine Bewunderung, und man zeichnet ihn sogar mit einem Orden aus. Nach dem Krieg, im Jahr 1901, beschließt Gandhi, nach Bombay zurückzukehren. Aber wieder wird er nach Durban zurückgerufen. Der Besuch Chamberlains

Die Ankunft der Inder in Durban ist etwas Alltägliches, was allerdings von der rassistisch eingestellten Bevölkerung Südafrikas nicht gern gesehen wird.

Durban (links), die Stadt des Hasses. Um Gandhi vor dem Mob, der ihn zu lynchen droht, zu schützen, stimmt der Polizeipräsident Alexander einen beliebten Schlager, leicht abgewandelt, an: „Und wir hängen den alten Gandhi hoch und sicher am nächsten Apfelbaum auf...“

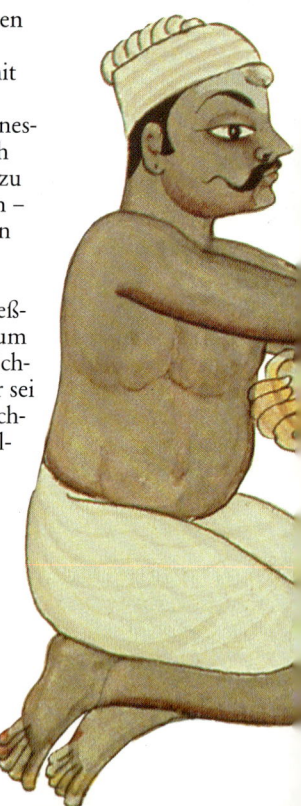

Seinen zweiten Ashram nennt Gandhi „Tolstoj-Farm", zu Ehren des Schriftstellers, dem er auch schreibt und dessen Denkweise er bewundert. Der alte Leo Tolstoj (1828 – 1910) führt in Jasnaia Poliana ein Leben der Einfachheit und der Inspiration, das Gandhis Idealen sehr nahe kommt. Kurz vor seinem Tod, am 7. September 1910, findet Tolstoj noch Gelegenheit, dem jungen Mann auf seinen Brief zu antworten.

steht bevor, und man braucht Gandhi, um die indischen Forderungen vorzutragen. So kehrt er nach Südafrika zurück, für ein Jahr, wie er meint. Doch das Treffen mit Chamberlain führt zu keinerlei Ergebnis.

Dieses Mal wohnt Gandhi in Transvaal, in Johannesburg. Allmählich ändert er sein Leben. Er bemüht sich nicht nur, ein streng religiöses und gewaltloses Leben zu führen, sondern führt tägliche praktische Übungen ein – eine logische Folge seiner schon in der Kindheit und in seiner Londoner Zeit praktizierten Selbstversuche.

So beginnt er allmählich, sich das Haar selbst zu schneiden, seine Hemden selbst zu waschen und schließlich auch, seine Latrine selbst zu säubern – letzteres zum Entsetzen von Kasturbai, die er auffordert, es ihm gleichzutun. Dies sei die Arbeit der Unberührbaren, sie aber sei eine Vaishya, protestiert sie. Aber Gandhi bleibt unnachgiebig. Er schränkt auch die Ausgaben ein: Seine Mahlzeiten bestehen aus ein paar getrockneten Früchten, Datteln und Nüssen, statt Medikamenten verwendet er Umschläge von Heilerde. Außerdem beginnt er, immer wieder zu fasten – noch für sich selbst, um es dann später öffentlich und für andere zu tun.

Im Jahr 1901 erkrankt sein Sohn Manilal in Bombay an Typhus. Der Parsenarzt verschreibt Hühnerbrühe und Eier. Als doktrinärer Vegetarier will Gandhi davon jedoch nichts wissen. Voll heimlicher Angst läßt er seinen Sohn statt dessen sehr heiße Sitzbäder nehmen und mit Wasser verdünnten Orangensaft trinken.

Das Kind wird gesund. „Gott hat meine Ehre gerettet", schreibt der erleichterte Vater, der sich in seinem Glauben an die Wirksamkeit der Naturheilverfahren bestärkt sieht. Im Werk „Unto This Last" von John Ruskin, das Gandhi erst kurz zuvor gelesen hat und in dem die Rückkehr zum einfachen Leben gepredigt wird, findet er die Lehren der Gítá wieder. Mit dem Ziel, die völlige Besitzlosigkeit zu erlangen, gründet er auf einem Bauernhof in Phönix, 30 km von Durban entfernt, den ersten Ashram, „Gemeinschaftsleben und Gebetshaus". Dort führt man ein Leben in Gemeinschaft und ohne eigenen Besitz und mahlt selbst sein Mehl für ungesäuertes Brot. Die Lebensregeln sind mönchisch. Aber das reicht Gandhi noch nicht.

Gandhi verzichtet gemäß der Tradition seines Landes auf jede geschlechtliche Beziehung und rüstet sich für eine neuartige Kampfart: den zivilen Ungehorsam, den „Satyagraha".

G andhi mit dem indischen Sanitätercorps während des Burenkriegs im Jahr 1899.

1906 bricht in Transvaal der Zuluaufstand aus. Wieder betätigt sich Gandhi als freiwilliger Sanitäter und versorgt sterbende Zulus, die von weißen Ärzten aufgegeben werden. Erneut wird er mit einem Orden ausgezeichnet und darüber hinaus zum Feldwebel befördert.

In dieser Zeit der Aufopferung für die anderen erlegt sich Gandhi einen neuen Verzicht auf: In Indien besteht ein religiöser Brauch, der erwachsenen Männern offensteht, deren Nachkommenschaft

E ine häufige indische Szene: Der Barbier rasiert den Schädel eines Kunden. Sich selbst die Haare zu schneiden, ist ein schwerwiegender Entschluß: Normalerweise ist das die Arbeit der Unberührbaren.

Die Unterstützung, die Gandhi dem britischen Empire gelegentlich zuteil werden läßt, wirkt von Anfang an widersprüchlich – was sie auch ist und bis 1942 bleibt. Gandhi rechtfertigt seine politische Philosophie in dieser Hinsicht folgendermaßen: „Ein Untertan kann nicht darauf hoffen, daß sein Standpunkt immer obsiegt. Die Behörden mögen zwar nicht immer im Recht sein, aber solange die genannten Untertanen diesem Staat Treue schulden, ist es ihre eindeutige Pflicht, sich seinen Anordnungen zu fügen und die Maßnahmen des Staates zu unterstützen."

gesichert ist. Sie können das Gelübde der Keuschheit leisten, den *Brahmacharya*. Nach seiner Rückkehr aus dem Krieg teilt Gandhi seiner Frau mit, daß sie beide keine sexuellen Beziehungen mehr unterhalten werden, damit sich seine Energie in Zukunft auf den geistigen Kampf richten könne. Kasturbai ist einverstanden. Damit fühlt sich Gandhi gerüstet für seinen politischen Kampf.

Im Jahr 1906 verkündet die Regierung von Transvaal einen Erlaß, das sogenannte „Schwarze Gesetz", demzufolge alle Inder sich bei den Behörden registrieren und einen Fingerabdruck abnehmen lassen müssen. Auf Zuwiderhandlung stehen Deportation oder Gefängnis.

Am 11. September versammeln sich im Staatstheater von Johannesburg 3 000 Inder, die unter Gandhis Leitung schwören, diesem Erlaß niemals Folge zu leisten. Die geplante neue Form des Widerstands braucht einen Namen. Die üblichen aus England stammenden Bezeichnungen „passiver Widerstand" und „ziviler Ungehorsam" kommen nicht in Frage, da sie nur die äußere Seite der Aktion beschreiben. Da schlägt einer von Gandhis Vettern,

Maganlal Gandhi, Sadagraha, „Festigkeit für die gute Sache", vor. Gandhi nimmt den Vorschlag auf, bildet aber ein neues Wort: *Satyagraha*, zusammengesetzt aus Satyam, „die Wahrheit", und Agraha, „Festhalten, Ergreifen". Satyagraha bedeutet demnach „Festigkeit in der Wahrheit".

Gandhi auf dem Weg zu sich selbst: in einer selbstentworfenen Uniform, in der sich Elemente südindischer Kleidung mit denen der Mönchstracht und der Soldatenuniform mischen. Der Pilgerstab als Zeichen des kämpferischen Marsches ist das einzige Attribut, das er bis zu seinem Lebensende beibehält. Das Keuschheitsgelübde ist getan, Askese bestimmt fortan sein Leben.

Die Methode besteht darin, beharrlich und öffentlich „nein" zu sagen – jedoch ohne Gewalttätigkeit. Den Begriff der Gewaltlosigkeit, *Ahimsa*, den völligen Verzicht auf Handlung, entlehnt Gandhi der Jaina-Religion, der er durch seine Mutter in seiner Kindheit sehr nahe gekommen ist. Der Grundgedanke dieses Prinzips ist, daß man, je weniger man handelt, das Risiko der Gewalt verringert.

Im Namen der Inder in Südafrika setzt sich Gandhi nun mit Lord Elgin, dem neuen Staatssekretär für koloniale Angelegenheiten, in Verbindung. Der listige Lord verspricht ihm zwar, daß das Gesetz nicht angewendet werde. Da aber Transvaal seit dem 1. Januar 1907 das Recht hat, eigene Gesetze zu erlassen, hat Elgins Zusage keinerlei Bedeutung. So bleibt Gandhi nichts übrig, als die Registrierung zu verweigern. Als er deshalb verhaftet wird, bittet er „ehrerbietig" um die härteste Strafe und verteidigt sich, indem er sich schuldig bekennt. Als Folge lernt er zum ersten Mal ein Gefängnis von innen kennen.

J an Smuts (1870 – 1950), Bure, Jurist und General, Finanz- und Verteidigungs- minister der Südafrika- nischen Union.

Doch damit ist die Sache noch nicht aus der Welt. Der Burengeneral Jan Smuts schlägt Gandhi vor, die freiwillige Registrierung im Gegenzug gegen eine Gesetzesänderung zu akzeptieren. Gandhi vertraut ihm, läßt sich nach seiner Freilassung registrieren und hält seine Landsleute an, es ihm nachzutun. Doch Smuts unternimmt nichts, und Gandhi wird von zwei über seinen „Verrat" erbosten Indern zusammengeschlagen. Gandhi läßt sich davon nicht beeindrucken und verbrennt feierlich die Registrierungsbescheinigungen, zu deren Unterschrift er selbst aufgefordert hat. Wieder wandert er ins Gefängnis.

Dort entdeckt er die Abhandlung „Über die Pflicht zum Ungehorsam gegen den Staat" (1849) von Henry David Thoreau, einem amerikanischen Schriftsteller und Gegner der Sklaverei. In Thoreau erkennt Gandhi einen Vorläufer seiner eigenen Kampfweise.

Smuts läßt 1913 das Höchste Gericht feststellen, daß in Südafrika nur die christliche Ehe legal sei...

Mit diesem Urteil werden mit einem Schlag alle hinduistischen, islamischen und parsischen Ehefrauen Konkubinen. Sie quittieren diesen Affront, indem sie sich Gandhis Satyagrahis anschließen. Um die Behörden zu provozieren, genügt es, ohne Bescheinigung von einer Provinz in die andere zu reisen. Die sogenannten „Schwestern" reisen in Gruppen von Transvaal nach Natal. Als sie daraufhin

nicht ins Gefängnis geworfen werden, stacheln sie die indischen Bergarbeiter von Newcastle zum Streik auf. Nur wenige Monate später sieht sich Gandhi an der Spitze einer Armee von 5000 streikenden Bergarbeitern. Was soll er mit ihnen machen?

Um die Gemüter zu beruhigen, versucht Gandhi, die Männer in die Gruben zurückzuschicken, und schildert ihnen die Härten des Gefangenendaseins. Vergeblich. So setzt er einen Tag fest, an dem seine Armee von Satyagrahis die Grenze Transvaals ohne Bescheinigung überschreiten soll. Er selbst will für sie ins Gefängnis gehen.

Am 13. Oktober 1913 marschiert man von Newcastle ab. Gandhi verteilt die mageren Rationen und sorgt für einen geordneten Ablauf. Vorher hat er die Regierung höflich von dem Marsch in Kenntnis gesetzt und noch einmal seine Forderung vorgetragen: Abschaffung der Steuer von

Nach seiner Pensionierung bezeugt Smuts seinem Gegner Gandhi höchste Achtung. Gandhi tut das gleiche und findet bei seinem Besuch in England, wohlverwahrt in einer Vitrine in Smuts' Haus, die selbstangefertigten Holzsandalen, die er Smuts vor seiner Abreise aus Südafrika zur Erinnerung an ihre lange Gegnerschaft und deren glückliches Ende geschenkt hatte.

MUNRO Photo. PRETORIA
MARCH 21 1907.

drei Pfund, die den Kampf ausgelöst hatte. Am 6. November überschreitet eine gewaltlose Streitmacht von 2037 Männern, 127 Frauen und 57 Kindern die Grenze. Dreimal versucht man, Gandhi zu verhaften, beim vierten Mal gelingt es. Dadurch nimmt die Bewegung jedoch einen neuen Aufschwung: 50000 Inder streiken, Tausende gehen ins Gefängnis. In London ist man über die wachsende Unordnung sehr ungehalten, und die Behörden sehen sich gezwungen, Gandhi auf freien Fuß zu setzen. Sofort bereitet er weitere Aktionen vor, bis er erfährt, daß sich auch die weißen Eisenbahner im Ausstand befinden.

Gemäß seiner Maxime, den Gegner nicht zu demütigen, stellt Gandhi zur allgemeinen Verwunderung den Kampf vorläufig ein. Offensichtlich macht sein ritterliches Verhalten Eindruck, denn Smuts ruft Gandhi zu Verhandlungen zu sich. Schließlich, am 30. Juni 1914, unterzeichnen der General und der Rechtsanwalt Verträge, die in der erst kurz zuvor gegründeten Südafrikanischen Union als „Indian Relief Bill" Gesetzeskraft erhalten. Allerdings handelt es sich um einen Kompromiß: Nichtchristliche Ehen werden gesetzlich anerkannt, und die Steuer von drei Pfund wird abgeschafft. Dafür werden ab 1920 keine

Der Marsch durch Transvaal soll acht Tage dauern. Um die Männer, Frauen und Kinder zu ernähren, ist Gandhi auf die Hilfe eines europäischen Bäckers angewiesen, doch er braucht nicht viel. Etwas Brot und Zucker genügen. Alle gehen barfuß. Als Gandhi verhaftet wird, bekennt er sich schuldig. Kallenbach und Polak sagen gegen ihn aus, wie danach Gandhi gegen seine Gefährten. Keiner der Verantwortlichen soll sich, entsprechend Gandhis ethischen Vorstellungen, dem Gefängnis und seiner exemplarischen Wirkung auf andere entziehen.

indischen Kontraktarbeiter mehr eingelassen, und die Inder in Südafrika dürfen nicht mehr unkontrolliert von einer Provinz in die andere reisen. Damit endet Gandhis Kampf für seine Landsleute in Südafrika.

Am 14. Juli 1914 schifft er sich mit Kasturbai nach England ein. Seine Frau hat sich verändert: Sie folgt ihrem Mann nun bedingungslos im Kampf und in der Diät. So lehnt sie es ab, während einer lebensgefährlichen Anämie Rinderbouillon zu trinken und säubert schließlich sogar wie eine Unberührbare die Latrinen.

In den 22 Jahren, die Gandhi in Südafrika verbringt, ringt er sich dazu durch, nicht nur auf Fleisch, sondern auch auf Milch zu verzichten. Als zwei junge Leute seines Ashrams ihr Keuschheitsgelübde brechen, beschließt er, zur Sühne für sie zu fasten. Dabei entdeckt er die Kraft des öffentlichen Fastens für die Fehltritte anderer, was er später als wirksames Kampfmittel einzusetzen weiß.

Er ist jetzt 46 Jahre alt. 20 Jahre des politischen Kampfs haben ihn Geduld, Taktik und Beredsamkeit gelehrt, ihm aber auch Gefängnis eingebracht. Und der Satyagraha zeitigt erste Erfolge.

Über seinen Sieg in Südafrika schreibt Gandhi in der „Indian Opinion": „Wenn es diese Kraft überall auf der Welt gäbe, so würde sie die Sozialvorstellungen revolutionieren und dem wachsenden Despotismus und Militarismus ein Ende setzen, unter dem die westlichen Nationen stöhnen. Heute bedroht er deren Leben, morgen schon droht er auch den Ländern des Orients."

DRITTES KAPITEL

DIE KUNST, GROSSVATER ZU WERDEN

Gandhi wendet sich nun seinem eigentlichen Betätigungsfeld zu: der Befreiung seines Vaterlands von der imperialen britischen Vorherrschaft. Aber noch kennt er dieses Land, in dem er nur relativ kurz gelebt hat, kaum. Es gilt, einen Anfang zu machen. Ein neuer Ashram muß gegründet werden, Gandhi muß seinen Platz in dem beginnenden politischen Kampf finden, sich Stützpunkte schaffen, um sein Land aufzurütteln und schließlich das britische Weltreich anzugreifen.

Eine Reise mit der indischen Eisenbahn ist eine ganz besondere Erfahrung. Auf Bahnreisen durch sein Land entdeckt Gandhi schließlich den Grund für die vielen Epidemien und endemischen Krankheiten: die fehlende Hygiene. Nach seinem Erlebnis in Südafrika fährt Gandhi grundsätzlich nur noch dritter Klasse. Das erweist sich auch als die beste Methode, seine Landsleute wirklich kennenzulernen.

Gandhi und Kasturbai sind noch nicht in England angelangt, als der Erste Weltkrieg ausbricht. Getreu seinen Grundsätzen lehnt es Gandhi ab, die in Bedrängnis geratene Krone zu bekämpfen. Statt dessen betätigt er sich als Ambulanzfahrer, bis ihn eine schlecht verheilende Rippenfellentzündung zur Rückkehr nach Indien zwingt, wo ihm ein triumphaler Empfang bereitet wird. Gandhi knüpft Kontakte zu den wichtigsten politischen Führern, dem radikalen Hindu Bal Gangadhar Tilak und dem gemäßigten Gokal Krishna Gokhale. Gokhale, der ihn verehrt und der seinerzeit nach Südafrika gekommen ist, um an den Verhandlungen mit der Regierung teilzunehmen, erlegt Gandhi ein Jahr der politischen Enthaltsamkeit auf. In dieser Zeit soll Gandhi das ewige Indien kennenlernen.

Gandhi folgt dem Rat, vertauscht Hose und Hemd mit dem traditionell indischen Gewand und durchstreift das Land. Dabei lernt er die Schwerfälligkeit, aber auch die Kraft der indischen Dorfgemeinschaften kennen. Die armseligen Zustände bei Reisen in der dritten Klasse empören ihn, die Unhöflichkeit, der Schmutz, die Unwissenheit. Er zeigt sich äußerst interessiert am Unterrichtswesen und besucht eine neue, von dem bengalischen Dichter Rabindranath Tagore gegründete Schule in Shantiniketan. Tagore geht nach Gandhis Ansicht zu nachsichtig mit seinen Schülern um. Vergeblich versucht Gandhi, Tagore zu Änderungen zu veranlassen. Doch auch wenn sich die beiden Männer nicht einigen können, ist Tagore doch der erste, der Gandhi mit *Mahatma*, d. h. „Große Seele", anredet.

Bereits 1909 hatte die Große Seele das Manifest des freien Indien, „Hindu Swaraj", die „Autonomie Indiens", veröffentlicht. Das Programm sieht vor, die Engländer aus Indien zu vertreiben, aber auch die Schwächen der Inder selbst zu bekämpfen. Für diese Reform läßt sich Gandhi von den ländlichen Überlieferungen, der lebendigsten Tradition in Indien, inspirieren.

Zwischen zwei Reisen läßt sich Gandhi eine Weile in der Nähe von Ahmedabad, einer Textilindustriestadt, nieder und freundet sich mit den dortigen reichen Industriellen, den Sarabhai, an. Dort gründet er auch seinen neuen Ashram. Sabarmati, das aus flachen weißen Häusern und einigen Mangobäumen besteht, liegt am Flußufer. Ganz in der Nähe befindet sich das Gefängnis, und überall sieht man Fabrikschornsteine.

Rabindranath Tagore (1861–1941, Mitte) stammt aus einer vornehmen bengalischen Familie. Er verkörpert den verfeinerten Bewohner Kalkuttas: Sein ausgeprägter Sinn für Poesie ist gepaart mit Lebhaftigkeit, seine Neigung zur Mystik mit der Fähigkeit zur Selbstlosigkeit. Zwischen Gandhi, dem Mann aus dem Westen, dem Kaufmann und Nicht-Brahmanen, und Tagore, dem Mann aus dem Osten, dem Dichter und Brahmanen, ist die Verständigung nicht immer einfach. Zwar bezeichnet man sich als „Mahatma" (Tagore gegenüber Gandhi) und als „Großer Wächter" (Gandhi gegenüber Tagore), zwar verehrt man sich gegenseitig, aber Tagore, modernen westlichen Einflüssen nicht abgeneigt, ist auch ein gutmütiger Träumer, ein Musiker. In seiner Schule in Shantiniketan lernen die Schülerinnen tanzen und Blumengirlanden winden. Als Gandhi dort eintrifft, erfaßt ihn eine Art reformerischer Rausch. Alles möchte er neu organisieren: Statt mit Blumen sollen sich die Schülerinnen mit der Reinigung ihrer Latrinen, mit Kochen und Arbeiten im Haushalt befassen. Tagore gibt scheinbar nach, kehrt aber nach Gandhis Abreise zum früheren Leben zurück.

B al Gangadhar Tilak,
genannt Lokamanya,
der „vom Volk Geach-
tete" (rechts), ist ein
ebenso bedingungsloser
Anhänger der Gewalt
und eines reinen Hin-
duismus wie Gandhi ein
Verfechter der toleran-
ten Gewaltlosigkeit. An
Tilak erinnert heute nur
noch sein Grundsatz:
„Ich bin mit dem Recht
auf Autonomie geboren."

Als eine Familie von Unberührbaren in Sabarmati um Aufnahme bittet, zögert Gandhi keinen Augenblick, sie ihnen zu gewähren – trotz des Protests seiner Getreuen und trotz der Gefahr, die für den Ashram lebensnotwendigen Spenden der Reichen zu verlieren. Tatsächlich wird die Unterstützung eingestellt... Ein unbekannter, wohlhabender Mann, der nur auf der Durchreise ist, rettet die Gemeinschaft aus der höchsten Not. Doch der Kampf um die Gleichberechtigung der Unberührbaren, der Sklaven der indischen Gesellschaft, hat begonnen.

Das Jahr der von Gokhale verlangten politischen Enthaltsamkeit geht zu Ende. Annie Besant, deren theosophische Lehre Gandhi in seiner Studienzeit in London kennengelernt hatte, gründet in Benares die Hindu-Universität. Sie bittet den Mahatma, vor dem Vizekönig und zahlreichen mit Juwelen behängten Maharadschas die Eröffnungsansprache zu halten.

Seine Rede erregt solchen Anstoß, daß seine Freundin, Frau Besant, versucht, ihn zu unterbrechen. Doch Gandhi läßt sich nicht beirren. Er kritisiert die Juwelen der Maharadschas, die Arroganz der Engländer, die allgegenwärtige Polizei, ja er wagt es sogar, sich als „Anarchist" zu bezeichnen. Annie Besant fleht ihn an, aufzuhören. Er lächelt ihr lediglich entschuldigend zu und fährt in seiner Ansprache fort. Als die Ehrengäste die Tribüne entrüstet verlassen, muß die Sitzung schließlich abgebrochen werden. Den schüchternen Studenten von einst, der sich in der Öffentlichkeit nicht auszudrücken wußte, gibt es nicht mehr.

Gandhi hat zugehört und geredet. Nun ist es Zeit zu handeln. Der erste sich bietende Anlaß ist der Fall der Indigobauern.

Im gleichen Jahr, 1916, nimmt Gandhi an der Jahressitzung des indischen Nationalkongresses teil. Dabei spricht ihn ein einfacher Bauer an und bittet ihn um Hilfe für die Bauern in Bihar, die für die englischen Landbesitzer Indigo anbauen und von diesen ausgebeutet werden. Der

Der Ashram Sabarmati, Ausgangspunkt des großen Salzmarsches im Jahr 1930.

Bauer Raykumar Chukla ist beharrlich und erreicht schließlich sein Ziel: Gandhi will nach Bihar in Champaran kommen.

Das Ausbeutungssystem funktioniert denkbar einfach: Die Pächter sind verpflichtet, drei Zwanzigstel ihres Pachtlandes mit Indigo zu bebauen und den ganzen Gewinn ihren Herren, den englischen Pflanzern, zu überlassen. Gandhi, der Mahatma, soll den „Indigomakel" tilgen. Nach einigen Tagen umfangreicher Nachforschungen steht Gandhi vor Gericht, allerdings nicht allein: Tausende von Bauern haben sich spontan eingefunden. Diesmal geht es schneller als in Südafrika. Der Magistrat bekommt es mit der Angst zu tun und läßt Gandhi frei. Dadurch gewinnen die indischen Juristen Vertrauen zu der Methode der „Festigkeit in der Wahrheit" und zeigen sich nun auch selbst bereit, ins Gefängnis zu gehen. Gandhi frohlockt: „Die Schlacht von Champaran ist gewonnen." Der Vizegouverneur bildet eine Kommission, in der allein Gandhi

Die Engländerin Annie Besant (1847–1933) widmet ihr Leben der Unabhängigkeit Indiens. Im September 1915 gründet sie die Liga für Home Rule (Unabhängigkeit) unter dem Vorsitz des Inders Dadabhai. In Benares, dem Zentrum des Hinduismus, eröffnet sie eine Schule, die das Kernstück der ausgezeichneten Hindu-Universität bildet. Annie Besant leitet ab 1907 die Theosophische Gesellschaft, in der man versucht, abendländische Lehren mit denen des Orients zu vereinen.

Gandhi lernt den Indigoanbau kennen, als er Indien zu Fuß durchquert. Von Ahmedabad kommend, folgt er einem Bauern, der ihn um Hilfe bat, bis zu den Hügeln Bihars am Fuß des Himalaja. Bihar ist ein karges Agrargebiet, die Bauern dort sind arbeitsam, mutig und manchmal aufbrausend. Der „Indigomakel", d. h. die Ausbeutung der indischen Pächter durch englische Landbesitzer, macht einen Aspekt eines sehr komplexen Problems deutlich: Der textile Fabrikationsprozeß zeigt die Funktionsweise des kolonialistischen Systems. Die Baumwolle wird geerntet und mit Indigo gefärbt. Das rein indische Produkt wird dann in englischen Fabriken weiterverarbeitet, nach Indien reimportiert und dort zu Höchstpreisen verkauft. Am Beispiel der Indigobauern in Bihar, die ihren Indigo für sich beanspruchen, lernt Gandhi die umfassenden und perfekten Ausbeutungsmethoden kennen, die die Kolonialmacht Indien gegenüber anwendet.

die Bauern vertritt. Als Wiedergutmachung fordert er 50 %
der unrechtmäßig gezahlten Pachtzinsen. Im Gegenzug
bieten die englischen Pflanzer 25 % an, und Gandhi akzeptiert. Der Kompromiß ist zwar finanziell für die Bauern
recht ungünstig, moralisch für die Pflanzer jedoch
vernichtend, denn sie verlieren dadurch ihre Autorität. Das wirkt sich so aus, daß sie nur wenig später
freiwillig auf ihr Land verzichten, das damit den
Bauern zufällt. Der „Indigomakel" ist getilgt.
Durch diesen Sieg wird der Ehrenname, den
Tagore Gandhi gegeben hatte, in ganz Indien
bekannt.

**Ein zweiter Anlaß taucht auf. Diesmal geht es,
wie so oft, um Lohnfragen.**

Gandhi wird nun überall dorthin gerufen, wo das
Volk murrt. Das zweite Mal greift er ganz in der
Nähe seines Ashrams ein. Die schlecht-
bezahlten Textilarbeiter verlangen
eine Lohnerhöhung: Gandhi
erklärt sich bereit, ihre Sache
zu verteidigen, ruft sie zum
Streik auf und nimmt ihnen
das Versprechen ab, erst
dann wieder an die Arbeit
zu gehen, wenn ihre For-
derungen erfüllt sind.
Jeden Abend versam-
melt er sie unter dem
heiligen Baum, dem
Banyanbaum. Nichts
ändert sich… Es muß
etwas geschehen, um
die Leute bei der
Stange zu halten.
Da kündigt Gandhi
an, daß er so lange
fasten wolle, bis die
Forderungen der
Arbeiter erfüllt
seien. Es ist ein fol-
genschwerer Ent-
schluß, der erste
dieser Art.

Die Weber in Ahmedabad stehen unter dem Schutz Ambalal Sarabhais, des größten Textilindustriellen, der gleichzeitig Haupt einer der einflußreichsten Familien Indiens ist. Dieser Mann ist ein enger Freund Gandhis. Seine Schwester Anasuya hilft dem Mahatma sogar, den Streik der Arbeiter gegen ihren eigenen Bruder zu organisieren. Während der ganzen Streikaktion in Ahmedabad spricht Gandhi unter einem großen Banyanbaum am Fluß zu den Arbeitern und verhandelt gleichzeitig mit seinen Freunden. Die Stimmung ist sehr gespannt. Gandhi beginnt sein erstes rein politisch motiviertes Fasten.

Mit dem Beschluß, unbegrenzte Zeit zu fasten, setzt er sein Leben aufs Spiel. Aber er weiß genau, daß die mächtigen Arbeitgeber auch seine Freunde sind. Das Fasten des Mahatma läßt sie nach drei Tagen einlenken. Sie gewähren den Arbeitern eine Gehaltserhöhung.

Wie schon bei dem Konflikt von Champaran entspricht diese nicht ganz den gestellten Forderungen. Und ist Gandhi auch stets bereit, sein Leben für eine gerechte Sache einzusetzen, ist sein Realitätssinn beim Aushandeln der Bedingungen ebenso groß wie seine Unbeugsamkeit im Kampf. Er beginnt ebenso plötzlich zu fasten, wie er abrupt nachgibt. Die Arbeitgeber verteilen nach Abschluß der Verhandlungen Süßigkeiten, um die Beilegung des Arbeitskonflikts unter dem heiligen Baum, der den Beinamen Ek Tek, „halte dein Gelübde", erhalten hat, zu feiern.

Sofort nach Beendigung des Arbeitskampfes – man schreibt das Jahr 1918 – beginnt der Mahatma plötzlich voller Eifer, Soldaten für den Krieg des britischen Empire zu werben. Er ist so leidenschaftlich bei der Sache, daß er „an nichts anderes denkt, von nichts anderem redet". Sein Geist verwirrt sich, und auf einmal streikt sein Körper. Gandhi erkrankt an schwerem Durchfall, Auswirkung einer lebensbedrohenden Depression. Das Kriegsende, das die Rekrutenwerbung unnötig macht, beraubt ihn seines Ziels, und es geht nur noch darum zu genesen. Er hat geschworen, keine Milch zu trinken, und genau das müßte er tun. Schließlich weist ihn Kasturbai darauf hin, daß er kein Gelübde für Ziegenmilch abgelegt habe. Erleichtert akzeptiert die Große Seele den Kompromiß und trinkt Ziegenmilch. Von da an ist „meine Mutter, die Ziege" stets an seiner Seite. Der Friede, Kasturbai und eine Ziege erlösen ihn also aus der geistigen Krise.

Der Krieg ist zwar zu Ende, doch das in England erlassene Rowlatt-Gesetz erhält auch in Friedenszeiten die während des Kriegs verfügten Einschränkungen der Freiheit aufrecht. Schon am Tag nach Erlaß des Gesetzes schlägt Gandhi eine neue Aktion vor, den *Hartal,*

die Einstellung jeglicher Art von Tätigkeit in ganz Indien. Höflich setzt er den Vizekönig davon in Kenntnis. Am angekündigten Tag, dem 30. März 1919, bleiben zunächst in Delhi die Geschäfte geschlossen, die Kinder gehen nicht zur Schule, die Fabriken arbeiten nicht, das öffentliche Leben kommt zum Stillstand.

Als am 13. April 20 000 Inder auf einem von Mauern umgebenen Platz in Amritsar eine friedliche Versammlung abhalten, taucht plötzlich die englische Armee auf und schießt ohne Vorwarnung auf die Teilnehmer.

General Dyer, der die Soldaten befehligt, läßt mitten in die dichteste Menschenmenge zielen. Nach dem Massaker zählt man 379 Tote und 1200 Schwerverletzte.

Nach seiner „Entlassung" verbringt General Dyer den Rest seines Lebens friedlich im Ruhestand in Bristol, wo er 1927 stirbt. Nicht nur in Indien finden sich genug Engländer, die ihm durch großzügige Spenden für seine mörderische Aktion zu ausreichenden Einkünften verhelfen.

Dyer wird vor Gericht gestellt und quittiert den
Dienst. Gleichmütig teilt er der entsetzten Untersuchungs-
kommission mit: „Ja, ich hätte die Versammlung auch
ohne zu schießen auflösen können, aber ich wollte die
Leute bestrafen." Gandhi ist zutiefst niedergeschlagen, er
klagt sich an, einen „Himalaja-großen Fehler" begangen
zu haben und löst die Satyagraha-Bewegung auf.

Im November 1919 nimmt er an einer islamischen
Konferenz zur Aufrechterhaltung des Kalifats teil. Diese
islamische Einrichtung ist durch die bevorstehende Ab-
setzung des Sultans in der Türkei bedroht. In seltener
Einigkeit stellen sich Hindus und Moslems Seite an Seite
gegen den Westen, ihren gemeinsamen Unterdrücker.
Gandhi nutzt die Gelegenheit und prägt seine neue
Devise der „Nicht-Kooperation". Um das britische
Weltreich zu ruinieren, genüge es, es zu boykottie-
ren: keine englischen Schulen mehr zu besuchen,
nicht mehr vor englischen Gerichten zu plädieren,
nicht mehr für englische Firmen zu arbeiten,
keine in England aus indischer Baumwolle
hergestellte und teuer verkaufte Kleidung zu
tragen... „Stärkt nicht selbst die Mauern
eures Gefängnisses, schmiedet nicht eure
eigenen Ketten."

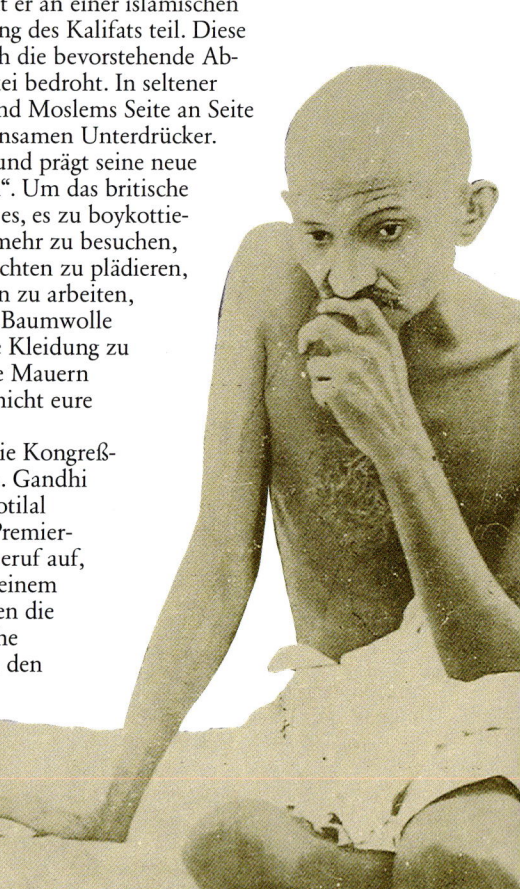

Im Jahr 1920 macht sich die Kongreßpartei die neue Devise zu eigen. Gandhi
schickt seine Orden zurück. Motilal
Nehru, der Vater des späteren Premierministers, gibt seinen Anwaltsberuf auf,
Hunderte von Juristen folgen seinem
Beispiel. Die Studenten verlassen die
Universitäten, die durch indische
Gründungen ersetzt werden. In den
Dörfern, die der uner-
müdliche Mahatma
bereist, zahlen die
Bauern keine Steuern
mehr, stellen den Alko-
holkonsum ein. Bei den
Versammlungen, die
Gandhi mit jeweils
mehreren hunderttau-
send Teilnehmern
abhält, werden die eng-
lischen Kleidungsstücke

auf einen großen Haufen gelegt, man entledigt sich der Hose und des Hemdes, steht oft ganz nackt da. Gandhi entzündet ein Streichholz, und Zeugnisse und Kleider brennen auf dem Scheiterhaufen. Und während Jacketts und Hüte zu Asche werden, ruft der Mahatma seine Zuhörer dazu auf, in Zukunft selbst die indische Baumwolle mit dem traditionellen Spinnrad zu spinnen. Dieses Spinnrad, die *Charkha*, kommt auch als neues Symbol auf die Fahne der Kongreßpartei. Eine Vielzahl von Indern folgt Gandhis Aufruf und beginnt zu spinnen.

Mahatma am Spinnrad" ist wohl das bekannteste Bild in der Gandhischen Lebensgeschichte. Bei offiziellen Anlässen sieht man bis heute immer einige Frauen am Spinnrad, die seinem Andenken zu Ehren eifrig spinnen.

Als Reaktion darauf reist Edward, Prinz von Wales und Thronfolger Englands, Inbegriff und Symbol des britischen Weltreichs, nach Indien. Doch der Kongreß boykottiert den Besuch des Prinzen ebenso wie die britische Kleidung und die britischen Schulen. Die Reise des künftigen Königs bewirkt keine Besserung, sondern provoziert vielmehr weitere antienglische Aufstände. Im Gegenzug kommt es zu einer Welle von Verhaftungen: Im Dezember 1921 sind 20000 Inder, unter ihnen zahlreiche politische Führer, im Gefängnis. Ein neuer Vizekönig wird in Indien eingesetzt: Lord Reading, der Sohn eines jüdischen Maklers. Er unterhält sich ausführlich mit Gandhi, aber es kommt zu keiner Verständigung. Von allen Seiten wird Gandhi aufgerufen, den Kampf fortzuführen. Er folgt

Edward, Prince of Wales, inspiziert das Regiment der Seaforth Highlanders: eine der wenigen friedlichen Szenen eines umstrittenen Besuchs. Das Regiment ist seit 1919 in Indien und befaßt sich mit eingeborenen Wilderern, ehe es 1932 nach Palästina verlegt wird. Der Boykott des königlichen Besuchs wird von den Verantwortlichen in der britischen Regierung richtig gedeutet: Mit dem Protest gegen das Symbol ist die britische Herrschaft gemeint.

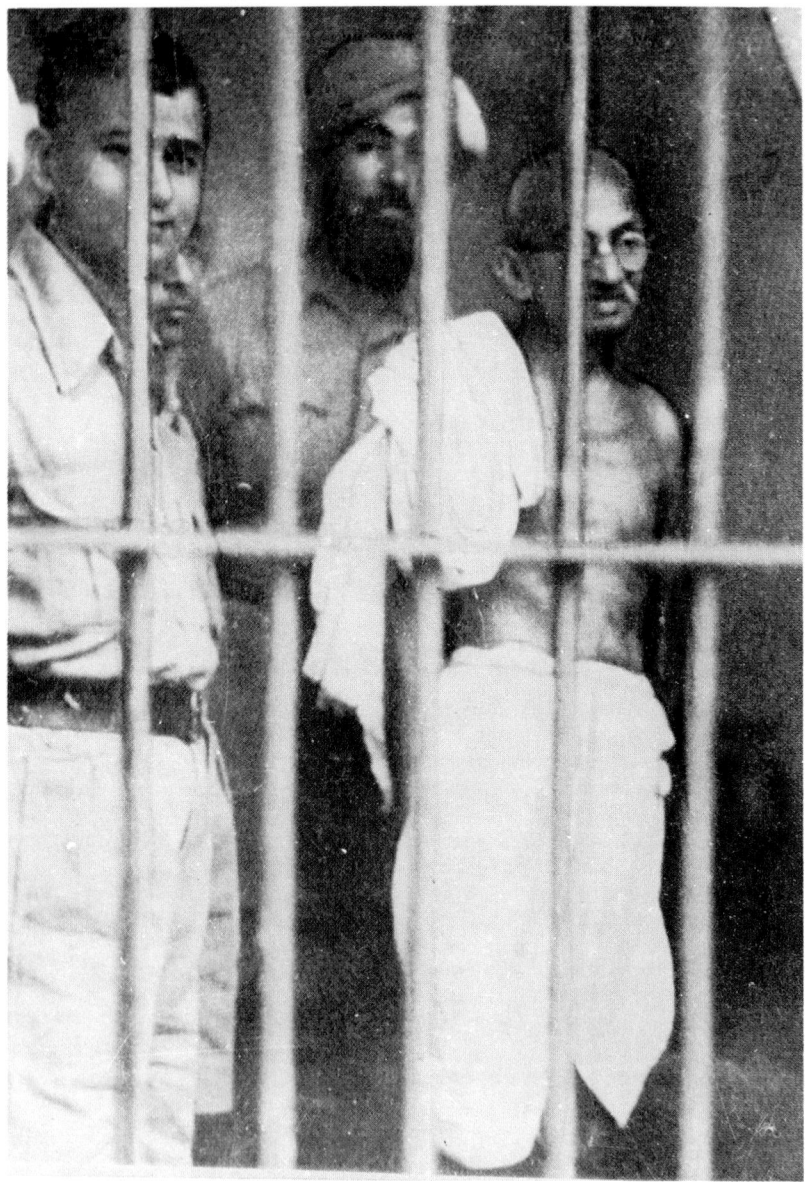

der Aufforderung und begründet eine Bewegung des zivilen Ungehorsams, d. h. des Steuerstreiks, in der Grafschaft Bardoli. Wie gewöhnlich unterrichtet er vorher den Vizekönig. Doch als alles vorbereitet ist, werden 22 Polizisten von einer aufgebrachten Menge in Chauri Chaura gelyncht und lebendig verbrannt. Entsetzt über die Gewalt- tat, löst Gandhi die Satyagraha-Bewegung in ganz Indien auf. Trotz des Widerstands von Lord Reading wird der durch seine gescheiterte Aktion geschwächte Gandhi verhaftet. Wie schon in Südafrika verlangt er die „härteste Strafe". Dennoch verurteilt ihn der Richter, der seine persönlichen Zweifel nicht verbirgt, nur zu sechs Jahren Gefängnis. Gandhi ist glücklich: Er weiß auch das Gefängnis als Kampfmittel einzusetzen. Bei seiner Verhaftung bezeichnet er sich nicht mehr als „Anwalt", sondern als „Landwirt und Weber".

Im Gefängnis schöpft Gandhi neue Kräfte und sprüht vor Einfällen. Doch wird die nationalistische Bewegung ohne ihren Führer in sich zusammenfallen?

Nach zweijähriger Gefangenschaft wird Gandhi im Jahr 1924 am Blinddarm operiert und unmittelbar danach ent-

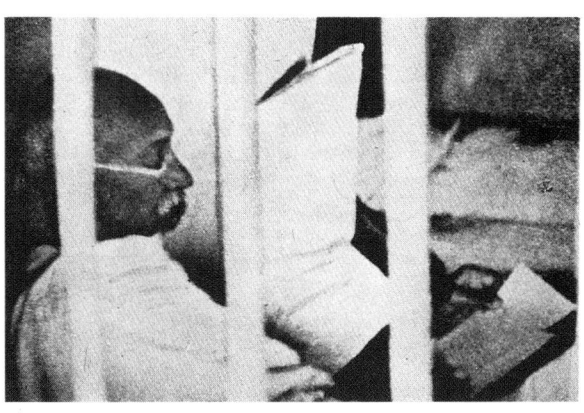

lassen. Die Bewegung der Nicht-Kooperation hat ohne ihn aufgegeben. Die Anwälte sind zu den Gerichten zurückgekehrt, die Schüler in ihre englischen Schulen. Schlimmer noch ist, daß auch die Bewegung zur Unterstützung des Kalifats zum Stillstand gekommen ist, nachdem Atatürk

"Gandhi im Gefängnis" oder „Gandhi besucht seine gefangenen Freunde": Die Gitterstäbe des Gefängnisses stellen für die Satyagrahis keine Trennung von der Außenwelt dar, Sie bedeuten vielmehr innere Freiheit und Quelle neuer Kraft.

Das Gefängnis wird als eine Stätte der Zuflucht und der Meditation verstanden. Dieser Gedanke liegt dem Pakt zwischen Gandhi und seinen Schülern zugrunde: Satyagrahi sein heißt, das Gefängnis zu kennen, mehr noch, es zu lieben. Heutzutage entrüsten sich die alten Kämpfer für die Unabhängigkeit manchmal über die Unbekümmertheit der jungen Generation im modernen Indien: In ihren Augen ist sie unfähig, da niemand mehr ins Gefängnis geht, ja da man Angst davor hat. Es existieren auch Aussprüche, die zeigen, welchen Symbolwert das „Gefängnis" hat: Erst nach zehn Jahren Gefängnis ist man Gandhis würdig.

die Türkei zu einem laizistischen Staat gemacht hat. Durch das Fehlen des gemeinsamen Ziels tut sich zwischen Hindus und Moslems eine Kluft grundsätzlicher Meinungsverschiedenheiten auf. Als Gandhi aus der Haft entlassen wird, spürt er, daß ein neuer Ausbruch von Gewalttätigkeit bevorsteht, und sucht nach einem Gegenmittel. Um die beiden Religionsgemeinschaften zu versöhnen, verkündet er erneut öffentlich, daß er fasten wolle.

Unter der Aufsicht von zwei islamischen Ärzten verweigert er 21 Tage lang jede Nahrungsaufnahme. Erst dann versammeln sich die wichtigsten hinduistischen und islamischen Führer um sein Bett: Er hat vorerst gesiegt. Auf einer Reise, die er danach unternimmt, um sich zu kräftigen, wird er allüberall von seinen Bewunderern bedrängt. Er nutzt die Gelegenheit, um von handgesponnener Baumwolle, dem *Khadi*, seinem Wahrzeichen, zu sprechen und um den Schmuck der Frauen und Kinder zu sammeln. So vergeht das Jahr 1925, in dem er schließlich zum Vorsitzenden der Kongreßpartei gewählt wird. Aber das scheint ihm noch nicht zu genügen, denn wieder beginnt er zu fasten.

Diesmal fastet er jedoch für sich selbst, da es ihm seine innere Stimme befohlen habe. „Dieses Fasten hat nichts mit der Öffentlichkeit zu tun", sagt er schließlich. „Man sagt, ich gehöre allen. Gut, aber dann müßt ihr mich auch so nehmen, wie ich bin, mit all meinen Fehlern. Ich bin auf der Suche nach der Wahrheit." Nachdem er sein Fasten beendet hat, überträgt er den Vorsitz über die Kongreßpartei der Dichterin Sarojini Naidu und erklärt, sich ein Jahr lang aus der Politik zurückziehen zu wollen.

Erst im Jahr 1927 bricht er sein Schweigen und hält wieder Versammlungen ab. Drei neue Themen bewegen ihn nun: der Kampf gegen die Kinderehe, der Schutz seiner geliebten Ziege

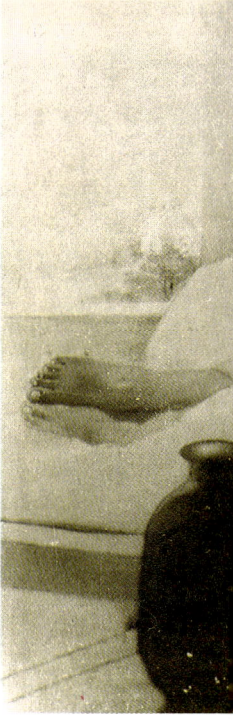

Unter den Frauen, die Gandhi ständig begleiten, ist Sarojini Naidu, die der Mahatma die „Nachtigall Indiens" nennt, vielleicht die erstaunlichste.

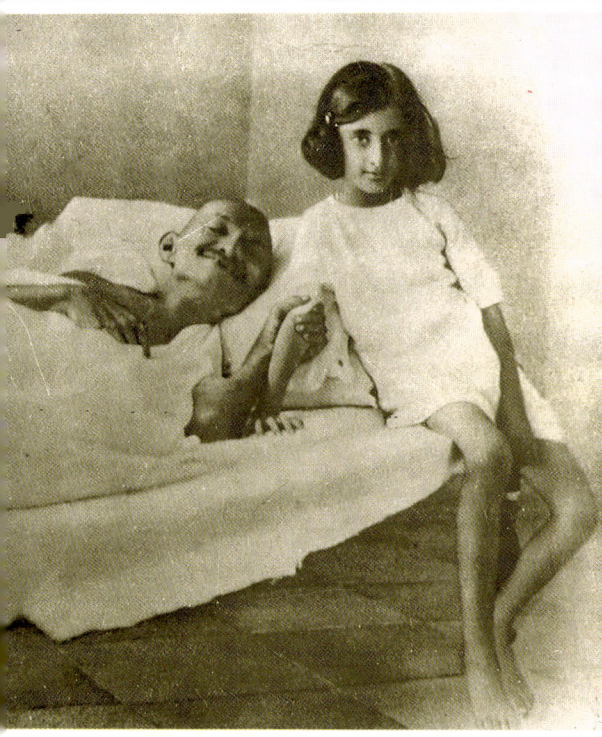

Nachdem er 1924 seine Fastenaktion, die Hindus und Moslems versöhnen soll, abgebrochen hat, hält der alte Mann die Hand von „Indu", der Tochter Nehrus, des treuesten seiner Schüler, wenn dieser auch Gandhis Religiosität nicht teilt. Das ernste Mädchen wird später „Indira", Premierministerin der Indischen Union. 1984 wird auch sie ermordet.

Sarojini Naidu (linke Seite) hat trotz ihrer mäßigen Schönheit einen solchen Charme, daß die Zahl ihrer Liebschaften nur noch von der ihrer Gefängnisaufenthalte übertroffen wird. Sie ist zunächst für ihre Gedichte, dann für ihren kämpferischen Geist berühmt und schließlich für die Schönheit ihrer seidenen Saris, auf die sie weder im Gefängnis noch dem Mahatma zuliebe verzichtet. Von Anfang an gehört Sarojini Naidu Gandhis Bewegung an. Sie nimmt am Salzmarsch teil, wechselt sich mit Gandhis Sohn bei den Widerstandsaktionen gegen die Salzfabrik von Dharasana ab und steht an der Spitze der friedlichen Armee von Satyagrahis, mit der sie den mörderischen Schlagstöcken der Polizei entgegentritt. Diese Frau nennt ihren Mahatma „Vater der Nation" – und „Mickymaus".

und die Ablösung des Englischen als Landessprache durch das Hindi. Täglich hält er bis zu sieben Versammlungen ab, manchmal ohne ein Wort zu sagen. Dann steht er nur mit gefalteten Händen vor der schweigenden Menge. Aber dieses Leben ist zu anstrengend für ihn. Einmal bricht er mit einem leichten Herzanfall zusammen. Er muß sich schonen.

Im Oktober 1927 ruft ihn Lord Irwin, der neue Vizekönig, zu sich und kündigt ihm die Ankunft einer Kommission unter Leitung von Sir John Simon an, die die Aufgabe hat, einen Bericht über die Verhältnisse in Indien auszuarbeiten. Dieser Kommission gehört jedoch kein einziger Inder an.

Gandhi ist jetzt 60 Jahre alt. Inzwischen hat er neben der Bezeichnung Mahatma einen neuen Ehrennamen erhalten: Seit kurzem nennt ihn das ganze Land Bapu, d. h. „Großvater".

VIERTES KAPITEL

JAHRE DES RUHMS

Im Handumdrehen hat Gandhi, der legendäre lächelnde alte Mann mit Lendenschurz und einem makellos weißen handgesponnenen Baumwolltuch, die Massen ganz Indiens für sich gewonnen. Er kann schalkhaft sein wie ein Kind und ernsthaft wie einer der alten Hindu-Weisen, deren nie angefochtene Autorität auf ihn übertragen wird. Er ist weder Hindu noch Politiker, noch Mystiker, noch Kaufmann, noch Brahmane, noch Krieger, er ist all dies zugleich, er ist Indien.

Gandhi wird ein beliebtes Motiv der Fotografen, die den Gründer des freien Indien förmlich verfolgen. Sein auf die charakteristischen Züge reduzierter Kopf – Glatze, Nickelbrille und Schnurrbart – prangt auf der zum Boykott britischer Waren aufrufenden Briefmarke.

In Bardoli hatte der Mahatma die Satyagraha-Bewegung aufgelöst. Dort beschließt er auch, sie symbolisch wieder aufzunehmen. 1928 weigern sich 87000 Bauern in Bardoli, eine Steuererhöhung von 22 % hinzunehmen. Unter der Führung von Vallabhai Patel, einem früheren Anwalt und Bürgermeister von Ahmedabad, leisten sie Widerstand. Ihr Vieh, ihr Land und ihr Hausrat werden beschlagnahmt. Aber Bardoli gibt nicht auf. Am 12. Juni 1928 gibt Gandhi einen Unterstützungs-Hartal bekannt, und am 6. August gibt die Regierung nach. Sie läßt die Gefangenen frei, gibt Land, Vieh, Hausrat und Fahrzeuge zurück. Und das vorher gültige Steuersystem wird wiedereingeführt.

Trotz des Erfolgs des Hartal zeigt eine Welle von Attentaten, daß zunehmend sich auch andere Methoden im Freiheitskampf Indiens durchsetzen. Die junge Generation wird ungeduldig, und die Engländer greifen härter durch. Man führt bei der Polizei Lahti, lange, schwere Gummiknüppel, ein. In der Kongreßpartei fordern Subhas Bose und andere Inder die Unabhängigkeitserklärung und den „Bürgerkrieg". Gandhi kämpft darum, den Briten einen zweijährigen Aufschub einzuräumen. Doch nur ein knappes Jahr wird ihm zugebilligt. Wenn Indien nicht bis zum 31. Dezember 1929 den *Dominion*-Status habe, so das Ultimatum der Kongreßpartei, dann werde Indien seine Unabhängigkeit und seinen Austritt aus dem British Empire verkünden.

Während dieses einen Jahres bereist Gandhi das Land und versammelt das Volk um sich. Doch die Attentate reißen nicht ab. Der Sikh und bereits bekannte Attentäter Bagat Singh wirft zwei Bomben in den Tagungsraum des Parlaments in Delhi. Lord Irwin muß neue Wege der Terrorismusbekämpfung finden, denn die Lage wird unhaltbar. Im Oktober 1929 unternimmt der Vizekönig einen Schritt ohne vorherige Abstimmung mit London: Er gibt das feierliche Versprechen, im Kongreß eine Konferenz am runden Tisch abzuhalten, an der erstmalig auch Inder teilnehmen sollen. Dabei soll der Erhalt des Dominion-Status für Indien diskutiert werden. Am 23. Dezember, wenige Tage vor dem von der Kongreßpartei festgesetzten Ultimatum, trifft sich Gandhi mit Lord Irwin. Am gleichen Morgen explodiert unter dem Zug, der den Vizekönig nach Delhi bringt, eine Bombe. Irwin geht unverletzt aus dem Attentat hervor. Da sich das Londoner Ober- und Unterhaus gegen die Konferenz ausgesprochen haben, kann er nichts weiter tun und zieht

Aus dem Satyagraha werden Straßenschlachten. Der „zivile Ungehorsam" löst Prügeleien und Verhaftungen aus. Männer und Frauen stürzen sich förmlich in die Gefängnisse, und politisch Verdächtige bekennen sich freiwillig schuldig.

seinen Vorschlag zurück. Am 31. Dezember 1929 verkündet die Kongreßpartei wie beschlossen um Mitternacht die Unabhängigkeit Indiens. Der Mahatma, von dem man weitere Instruktionen erwartet, kann jedoch lediglich Ort, Zeitpunkt und Form der Unabhängigkeitserklärung bestimmen.

In dieser unsicheren Lage erscheint in der von Gandhi herausgegebenen Zeitung „Young India" ein Leitartikel mit dem Titel „Wenn man mich verhaftet", der sich mit der von den Briten erhobenen Salzsteuer befaßt. Am 2. März 1930 teilt Gandhi dem Vizekönig mit, daß der Satyagraha gegen diese Steuer in neun Tagen beginnen werde. Noch weiß niemand, was er zu tun beabsichtigt.

Am 12. März 1930 verläßt Gandhi in Begleitung von 78 Mitstreitern seinen Ashram Sabarmati, in der Hand einen Pilgerstab. Unterwegs predigt er die Benutzung des Spinnrads, des Charkha, kritisiert die Kinderehe und den Alkoholkonsum. Doch zwischendurch gibt er den Befehl, die gesetzlichen Bestimmungen über die Salzgewinnung

Sarojini Naidu marschiert im seidenen Sari an Gandhis Seite, einen Opferkranz in der Hand. Gandhi ist auf dem Foto 60 Jahre alt, hinter ihm seine Freunde, unter ihnen auch die Frau Sarabhais, dessen Unternehmen er mit den Textilarbeitern bestreikte. Die beiden anderen Freunde sind Vikram, der später verantwortlich für die Entwicklung der Atombombe im freien Indien ist, und natürlich Pandit Jawaharlal Nehru, der vor seiner Verhaftung noch Zeit zu der Feststellung hat, daß das Salz, das hier gesammelt und in Töpfen gereinigt wird, im Grunde nichts weiter als eine „Riesenschweinerei" sei. Gandhi interessiert hier jedoch nicht der Geschmack des Salzes, sondern der der Freiheit, die er als das Salz der Erde ansieht.

nicht zu befolgen. Täglich eine Stunde lang spinnen Gandhi und alle seine Gefährten mit ihren Spinnrädern Baumwolle. In den Dörfern, durch die der Zug kommt, legen 300 Dorfälteste ihre Ämter nieder. Die Devise der Nicht-Kooperation beginnt Wirkung zu zeigen. Zu Hunderten schließen sich Dorfbewohner dem Zug an. Als die Marschierer in Dandi die Küste erreichen, beträgt ihre Zahl mehrere Tausend.

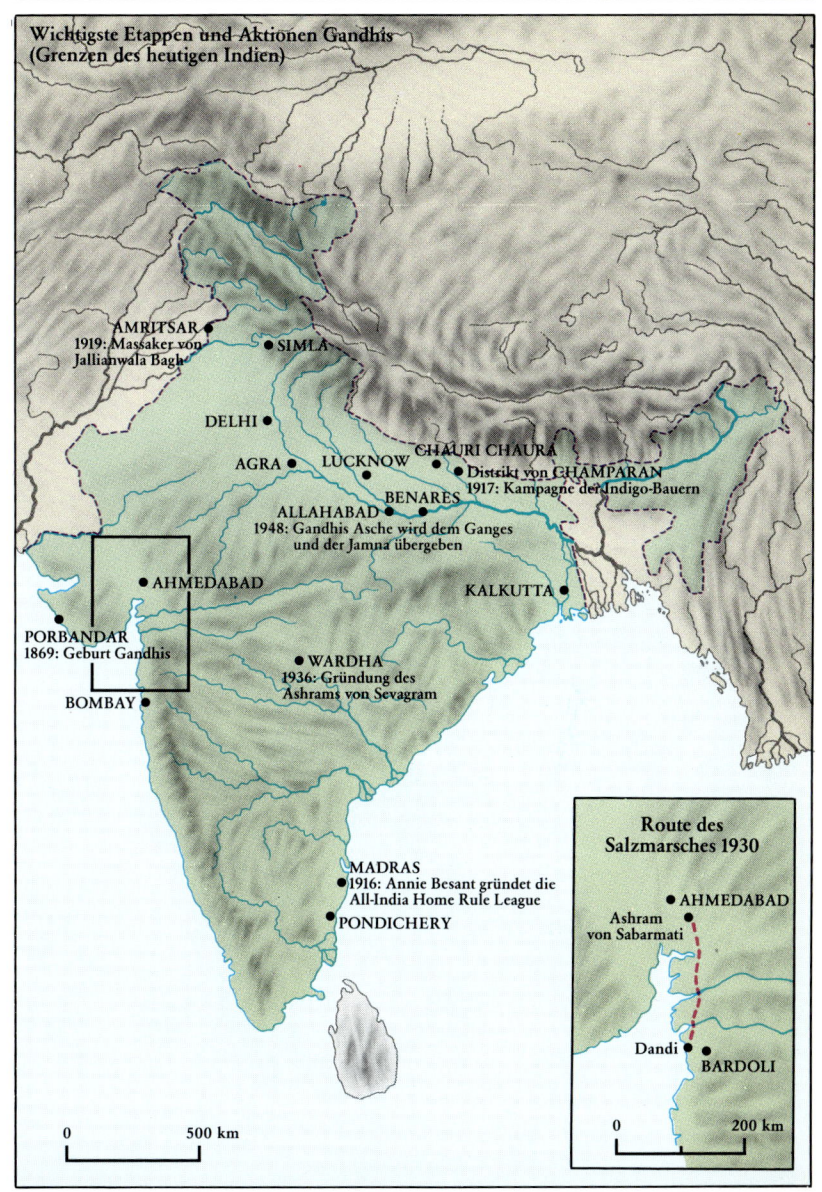

Wichtigste Etappen und Aktionen Gandhis
(Grenzen des heutigen Indien)

AMRITSAR
1919: Massaker von
Jallianwala Bagh

● SIMLA

DELHI ●

AGRA ●   ● LUCKNOW

CHAURI CHAURA
● Distrikt von CHAMPARAN
1917: Kampagne der Indigo-Bauern

BENARES ●
● ALLAHABAD
1948: Gandhis Asche wird dem Ganges
und der Jamna übergeben

● AHMEDABAD

KALKUTTA ●

PORBANDAR
1869: Geburt Gandhis

● WARDHA
1936: Gründung des
Ashrams von Sevagram

BOMBAY ●

MADRAS
● 1916: Annie Besant gründet die
All-India Home Rule League

● PONDICHERY

0   500 km

Route des
Salzmarsches 1930

● AHMEDABAD

Ashram
von Sabarmati

Dandi ●   ● BARDOLI

0   200 km

Der große Salzmarsch

In der Mahatma-Legende ist er das wichtigste Ereignis. 1988 folgt Premierminister Rajiv Gandhi (ermordet 1991) den Spuren seines Namensvetters. Vom Ashram Sabarmati aus wiederholt er den Salzmarsch. „Wir marschieren im Namen Gottes", sagt Mahatma Gandhi. Die Bauern breiten Zweige auf seinem Weg aus, schmücken die Strecke mit Blumengirlanden und Fahnen in den Farben des künftigen Indien. Die Menschen fallen auf die Knie, wenn er vorüberzieht. Mehrere Male am Tag rastet der Zug, um sich im Gebet zu sammeln und beim Spinnen neue Kräfte zu gewinnen. 70 Menschen sind zu dem Salzmarsch aufgebrochen. Als sie ankommen, beträgt ihre Zahl mehrere Tausend. Am Meeresufer angekommen, ruft Sarojini aus: „Es lebe der Befreier!" Diese wirkungsvolle und dabei genial einfache Inszenierung wird nicht nur von der indischen Presse, sondern von der der ganzen Welt aufmerksam verfolgt. Die erste Handvoll Salz, die der Mahatma aufhebt, wird meistbietend versteigert: Sie bringt 1600 Rupien.

„Minus-four"

Gandhis Reaktion auf die Begrüßung durch die Weißen in London ist von Humor geprägt. Es erheitert ihn, als ein Kind ihn bei der Hand nimmt und „Onkel Gandhi" nennt oder als ihn ein anderes fragt: „Gandhi, wo sind eigentlich deine Hosen?" Als ein Journalist wieder einmal die Frage nach seinem Lendenschurz stellt, der die Briten stets aufs neue erstaunt, antwortet er: „Ihr tragt ‚plus-four', ich eben ‚minus-four'." Plus-four werden die jeweils vier Zoll zu langen und zu weiten Golfhosen genannt.

Sie haben einen Marsch von 80 Tagen hinter sich. Gandhi geht die gesamte Strecke zu Fuß und nutzt weder das für ihn mitgeführte Pferd noch einen der Karren, mit denen sich einige den beschwerlichen Marsch erleichtern. Nach einer Nacht im Gebet macht er die bekannte legendäre Geste: Er bückt sich und hebt am Rand des Wassers eine Handvoll Salzkörner auf.

Auf dieses Zeichen hin sammeln die friedlichen Demonstranten zu Tausenden das Salz auf. Ganz Indien folgt ihrem Beispiel. Damit ist das britische Salzmonopol gebrochen und das Gesetz übertreten, das den Indern die Salzgewinnung zum Eigenbedarf untersagt. Das gesammelte Salz wird in den Städten und Dörfern verkauft, und die britische Regierung läßt viele verhaften. Überall kommt es zu schweren Zwischenfällen. Berittene Polizei reitet in die versammelten Demonstranten, die sich einfach auf die Erde legen, denn Pferde treten niemals auf Menschen... Schon bald sind 60 000 Personen im Gefängnis. Am 5. Mai 1930, genau einen Monat nach der historischen Geste, wird auch Gandhi verhaftet. Er ist äußerst zufrieden: Endlich wird er schlafen können.

Aber es bleibt noch etwas zu tun, womit der Mahatma seinen Sohn Manilal und die Dichterin

FREE INDIA
OR SINK TO
OUR
LEVEL

Gandhi hat es vorausgesagt: Der Sieg „wird außerhalb des Konferenzraums errungen, dadurch, daß unsere Saat aufgeht und eines Tages die britische Haltung mildern wird". Und er tut alles, um die öffentliche Meinung in England für sich einzunehmen: angefangen bei der ihn auf dem Schiff begleitenden Ziege, die ihn täglich mit Milch versorgt, über Liebkosungen der kleinen blonden Mädchen und die Treffen mit Textilarbeitern und Slumbewohnern bis hin zu seinem Besuch beim König, wo er einer Einladung zum Tee Folge leistet – aber immer in Sandalen, mit Lendenschurz und langem Baumwolltuch.

Sarojini Naidu beauftragt: Der friedliche „Angriff" auf die Salzfabrik von Dharasana. Am vorbestimmten Tag treten 2 500 unbewaffnete Freiwillige den 400 Polizisten gegenüber, die die Fabrik bewachen. Es kommt zu einem Massaker: Die Polizisten knüppeln die Demonstranten nieder, aber sowie eine Reihe am Boden liegt, tritt die nächste an ihre Stelle. Ein ausländischer Korrespondent, Webb Miller, schreibt eine Reportage über das Ereignis für die „United Press": Er bezeugt vor den Augen der Welt, daß Indien frei ist.

Der Vizekönig befindet sich nun in einer Zwangslage. In London hatte die Labourpartei seit 1928 die Mehrheit errungen: Immer mehr Wähler sprechen sich für die Unabhängigkeit Indiens aus. So kommt es zu immer neuen Unruhen. In Peshawar ist es dem Pathaner Ghaffar Khan, dem „Gandhi der Grenzen", gelungen, die Stadt ohne einen Schuß zu nehmen. Einige Tage später holt die Armee mit Maschinengewehrfeuer zum Gegenschlag aus. Ein aus Hindus bestehendes Exekutionskommando der britischen Armee meutert, um nicht auf die Moslems schießen zu müssen. So bleibt Lord Irwin nichts übrig, als in aller Eile mit dem gefangenen Mahatma Verhandlungen aufzunehmen.

Am 30. August 1930 tritt in London die erste Konferenz am runden Tisch zusammen – ohne einen Vertreter der Kongreßpartei. Nur der Moslem Jinnah ist anwesend. Daraufhin beantragt die Labourpartei eine zweite Konferenz,

in der auch die Kongreßpartei vertreten sein soll.
Irwin ergreift die Gelegenheit beim Schopf und setzt
Gandhi im Januar 1931 frei. Anläßlich dieses offiziellen Treffens zwischen Lord Irwin und Gandhi
wettert Winston Churchill, der die Tragweite des
Ereignisses erfaßt, gegen „diesen früheren Anwalt aus
dem Inner Temple, der sich zum aufständischen
Fakir gewandelt hat, halbnackt die Stufen
des vizeköniglichen Palasts emporsteigt,
um dort gleichberechtigt mit dem Vertreter der Krone zu verhandeln". Nach
Abschluß der Verhandlungen unterzeichnen der Vizekönig und der
Mahatma den Pakt von Delhi: Alle
Gefangenen sollen freigelassen werden, die Herstellung von Meersalz
soll gesetzlich erlaubt und die Kongreßpartei bei der zweiten Konferenz
am runden Tischs vertreten sein.

Der Mahatma begibt sich zu weiteren Verhandlungen nach England.

Am 29. August 1931 schiffen sich Gandhi, Sarojini Naidu und einige Getreue an Bord der „Rajputana" nach London ein. Vom 12. September bis zum 5. Dezember wohnt der Mahatma in einem Armenviertel des Londoner East End. Hotelunterkunft und Ehrungen lehnt er ab. Die Londoner Presse verfolgt jeden seiner Schritte, ganz England vergöttert ihn. Er trifft sich mit Textilarbeitern und mit Charlie Chaplin und wird vom König und der Königin zum Tee in den Buckingham Palast eingeladen. Bei all diesen Gelegenheiten tritt er wie üblich in Lendenschurz und Baumwolltuch auf. Er trifft General Smuts, seinen alten Gegner aus Südafrika, wieder und entschuldigt sich für die Ungelegenheiten, die er ihm seinerzeit bereitete.

Kurz, er nimmt alle für sich ein. Und er wird nicht müde zu wiederholen, daß die Zeit der völligen Unabhängigkeit, der gleichberechtigten Partnerschaft mit England gekommen sei. Im übrigen richtet er sein Hauptaugenmerk darauf, die öffentliche Meinung und die Engländer selbst für seine Sache zu gewinnen, und weniger darauf, bei der Konferenz am runden Tisch das Wort zu ergreifen.

Als Organisator des Salzmarsches betritt Gandhi zu Churchills Ärger die Weltbühne. Die Textilarbeiter, die er bei seinem Londoner Aufenthalt besucht, umringen ihn und jubeln ihm zu (links unten), das einfache Volk in London liebt ihn. Charlie Chaplin und Mohandas Gandhi (links oben) tauschen vielleicht keine weltbewegenden Gedanken aus, aber ihr Treffen ist von tiefer Symbolik. Auch in England hat Gandhi sein bevorzugtes Kampfmittel bei sich: das Spinnrad.

Bei den Verhandlungen dort wird ihm schmerzlich die Kluft zwischen den Religionsgemeinschaften bewußt. Das Ergebnis der Konferenz ist katastrophal: Moslems, Sikhs, Parsen, Christen, Hindus: Alle verlangen separate Wahlen. Die britischen Konferenzteilnehmer unterstützen sie scheinheilig in ihrem Begehren. Damit ist die Unabhängigkeit wieder weiter entfernt als je zuvor.

Die Abreise steht bevor. Auf dem Heimweg reist er durch Italien, wo sich Gandhi zwar weigert, den Duce Benito Mussolini zu besuchen, schließlich aber einer 20minütigen Unterredung zustimmt. Der Papst empfängt ihn nicht, aber die Königin von Italien schickt ihm einen Korb mit eigenhändig verlesenen Feigen. Am 28. Dezember trifft der Mahatma schließlich wieder in Indien ein, „mit leeren Händen", aber erhobenen Hauptes.

Bei seiner Rückkehr findet Gandhi eine verheerende Lage vor: Pandit Jawaharlal Nehru, der Sohn Motilals, ist soeben verhaftet worden, ebenso der Moslem Tasadduq Cherwani. Die eben erst neu gewonnenen Freiheiten sind wieder eingeschränkt worden: Versammlungen und Boykott sind verboten, politische Vereinigungen werden aufgelöst. Das sind, so sagt Gandhi, die Weihnachtsgeschenke des neuen Vizekönigs Lord Willingdon, der es ablehnt, mit Gandhi zu diskutieren. Am 4. Januar 1932 – nur einen Monat nach seinem Triumph in London – ist der Mahatma im Gefängnis und mit ihm nahezu 60 000 seiner Mitstreiter aus der Kongreßpartei. Wie gewöhnlich nutzt Gandhi die Gefängniszeit zur Ruhe und zum Studium. An die Anhänger seines Ashrams richtet er Briefe mit dem Titel „Aus dem Tempel Yeravda". Yeravda ist sein Gefängnis, und ein Gefängnis ist für ihn nichts anderes als ein Tempel, ein Ort des Gebets.

1932 erfährt Gandhi aus der Zeitung, daß die künftige Verfassung getrennte Wahlmodi für die einzelnen Religionsgemeinschaften wie auch für die Unberührbaren vorsieht.

Der Mahatma beschließt jetzt, seinen Unwillen zu zeigen. In einem Schreiben an Sir Samuel Hoare, den für Indien zuständigen Staatssekretär, kündigt er an, daß, wenn die Bestimmungen nicht geändert werden, er sich „gezwungen" sieht, zu fasten, und dieses Mal so lange, bis der Tod eintritt.

So stellt man sich in „Die kleine illustrierte Zeitung" den Gang der Ereignisse in Indien vor: Die Engländer verhaften „Gandhis Leutnants". Man erkennt zwar keinen bekannten Inder, aber die kulturelle Verschiedenheit Indiens wird deutlich am Turban, dem Fez und dem Mantel der Moslems, am Gewand und der langen Haartracht der Christen des Südens, an der weißen Bartpracht der Sikhs. Im Hintergrund ein klassischer hinduistischer Tempel. Aber die Zeitung schreibt die Wahrheit: Der Vizekönig Irwin rühmt sich, eine Politik der gnadenlosen Unterdrückung betrieben zu haben. Innerhalb weniger Monate sind 60 000, einige behaupten sogar 100 000, „politische Kriminelle" hinter Gittern.

Eine italienische Version aus dem „Domenica del Corriere" (folgende Seite links): Widerstand der Inder gegen die englische Besatzung, und (rechts): ein Christusgleicher Gandhi wird in Bombay verhaftet.

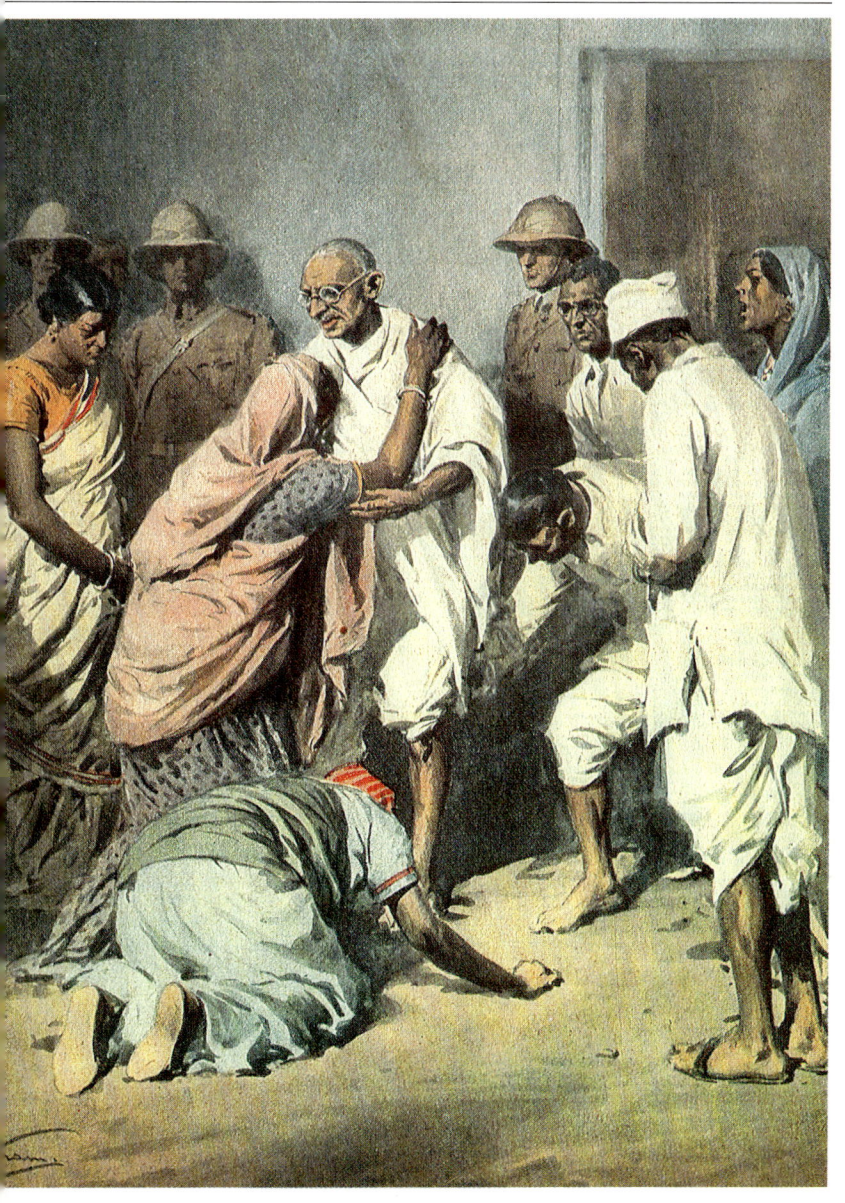

Am 17. August wird in Großbritannien festgelegt, daß es für die Unberührbaren einen besonderen Wahlmodus geben soll. Das tödliche Fasten beginnt am Mittag des 20. September. Mit diesem Entschluß erregt Gandhi den Ärger eines Mitgefangenen: Nehrus, der das Ziel der neuen Fastenaktion nicht begreift. Es handelt sich doch nur um die Unberührbaren. Viel wichtiger ist doch die Unabhängigkeit, die Gandhi aufs Spiel setzt. Doch bald sieht Nehru ein, daß er sich irrt.

Am Tag, an dem Indien begreift, daß der Bapu wirklich sein Leben aufs Spiel setzt, breitet sich eine große Unruhe aus. Das ganze Land beginnt zu beten, und die noch in Freiheit befindlichen Hinduführer versammeln sich in Bombay. Unter ihnen ist auch der Abgesandte der Unberührbaren.

Dieser Abgesandte, Dr. Ambedkar, ein aus der Kaste der Unberührbaren zum Juristen Aufgestiegener, sieht in der britischen Herrschaft das kleinere Übel gegenüber einem hinduistischen Regime und der damit verbundenen Kastendiskriminierung. Dem wären selbst die Moslems vorzuziehen. Die tödliche Fastenaktion eines alten Hindu hat für ihn keinerlei Bedeutung.

Für die fieberhaft einsetzenden Verhandlungen, um das Leben Gandhis zu retten, ist Dr. Ambedkar folglich ein nicht zu unterschätzendes Risiko. Dem bereits stark geschwächten Gandhi gelingt es schließlich doch, ihn zu über- zeugen, daß er, der Mahatma, wirklich für die Sache der Unberührbaren, der *Harijans* oder Gotteskinder, wie er sie nennt, eintritt. Am 23. September ist Gandhi in akuter Lebensgefahr; und noch immer wird über die Zahl der Mandate für die Unberührbaren verhandelt. Endlich, am 24. September 1932, wird das Abkommen von Yeravda zwischen Hindus und Unberührbaren geschlossen. Aber Gandhi will sein Fasten erst dann abbrechen, wenn die förmliche Zustimmung aus London vorliegt. Der Text für diese Zustimmung wird per Kabel übermittelt, aber er trifft am „heiligen" Wochenende in London ein.

Der konservative Premierminister MacDonald kehrt eilends in die Downing Street 10 zurück. Bis Mitternacht studiert er den Text. Gandhi hat bereits Kasturbai, die man für seine letzten Minuten aus ihrer Zelle geholt hatte, seinen letzten Willen diktiert... Das Ende scheint gekommen. Am Montag morgen geben London und Delhi ihre Zustimmung zu dem Abkommen bekannt. Um 17.15 Uhr reicht Kasturbai ihrem fast schon sterbenden Mann ein

Dr. Ambedkar: Er ist Vertreter der Unberührbaren, Jurist und ein unerbittlicher Gegner der Hindus.

„Unbeweglich und staunend habe ich, o Ozean, dein nächtliches Brausen vernommen. In tiefster Nacht träumst du Schlafloser vom Schlaf. Wirst du je Frieden finden? Die Schöpfung als Wiederkehr des Immergleichen drängt aus deinem Schoß durch dunkle Schleier zur Wiedergeburt."
    Rabindranath Tagore,
        „Samudra"

Glas Orangensaft. Das Fasten ist gebrochen. Während dieser ganzen Zeit, die noch heute die „epische Fastenzeit" heißt, werden Bulletins über den Gesundheitszustand des Mahatma in ganz Indien herausgegeben. Informationen über seinen Puls, seinen Blutdruck, seine Bewußtlosigkeiten sind die wichtigsten Nachrichten im ganzen Land. Mit Beginn seines Fastens öffnen sich den Unberührbaren die für sie seit Jahrtausenden geschlossenen Pforten der Tempel. Frauen der anderen Kasten empfangen öffentlich ihre Nahrung aus den Händen der Harijans und setzen damit eines der ältesten Verbote in Indien außer Kraft.

In dieser Zeit beginnt Tagore, seine Gedichte mit eigenen Zeichnungen zu versehen.

**Gandhi wandelt sich – zunächst kaum merklich.
Auf die Zeit der öffentlichen politischen Auseinandersetzungen folgt nun eine Zeit der Zurückgezogen-
heit, in der der alte Mann sich bemüht, Veränderungen im indischen Alltagsleben in Gang zu bringen.**

1933 ist Gandhi noch immer im Gefängnis. Von dort aus
hatte er einen seiner erstaunlichsten Siege errungen, einen
Sieg über sein eigenes Volk und seine eigene Religionsgemeinschaft. Der Sieg war allerdings nicht von Dauer:
Im heutigen Indien bemüht sich eine
orthodoxe Bewegung, den Harijans die
Tempelpforten wieder zu verschließen.
Und obwohl die indische Unionsver-
fassung von 1950 die Diskriminierung
von Unberührbaren verbietet, bilden
die Harijans – etwa 20 % der indischen
Bevölkerung – noch heute den Boden-
satz der Gesellschaft.

    Im Mai 1933 unternimmt der
Mahatma eine neue dreiwöchige
Fastenaktion. Diesmal gilt sie ihm
selbst. Er will sich bestrafen und von
einem intimen Makel reinwaschen, den
eine junge Amerikanerin verursacht
hat, die ihn in seiner Zelle besuchte.

    England bekommt es aber mit der
Angst zu tun und läßt ihn bereits am
ersten Tag frei. Er fastet friedlich für
sich und stirbt nicht. Danach löst er
seinen Ashram auf und übergibt ihn
den Harijans. Wieder wird er ins
Gefängnis geworfen, wieder fastet er,
wird erneut freigelassen und
gründet eine Zeitung, „Harijan",
deren Chefredakteur er selbst ist.
Diese Wochenschrift bleibt bis
zum Ende seines Lebens
sein Sprachrohr und
erscheint ab 1941 sogar
in zehn verschiedenen
indischen Sprachen.
Schließlich zieht er sich aus
dem politischen Leben zurück, das ihn
nicht mehr zu interessieren scheint.

Ghaffar Khan, trägt
den Beinamen
„Gandhi der Grenzen".
Ihm gelingt es, die Mos-
lemkrieger an den Gren-
zen gewaltlos zu ent-
waffnen. Er beschließt
sein Leben im ungelieb-
ten Pakistan, wohin ihn
die Grenzziehung ver-
schlagen hat. Im Jahr
1987 folgt Premier Rajiv
Gandhi dem Leichenzug
über das Gebirge.

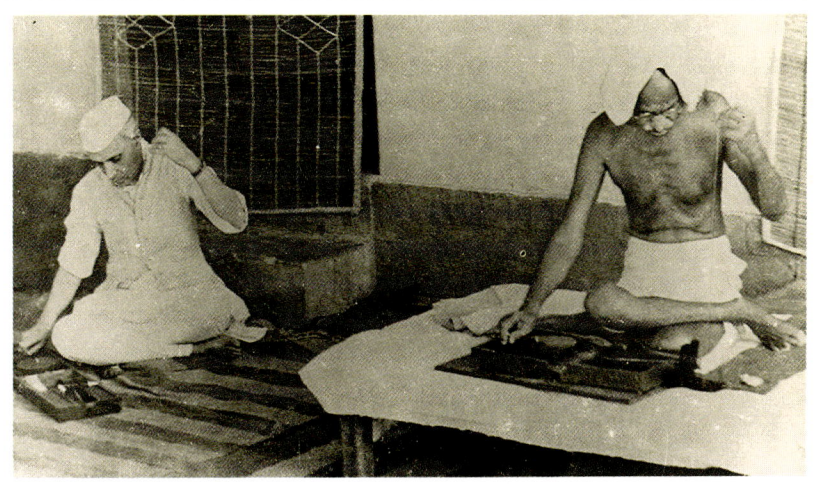

Gandhis Aufmerksamkeit richtet sich jetzt auf die Reform der Inder selbst, auf das ewige Indien. Um die Unabhängigkeit kümmert er sich nicht weiter. Es scheint so, als halte er sie bereits für unvermeidlich und bemühe sich, die vorauszusehenden innenpolitischen Gefahren zu neutralisieren. Für die Politik hat er jetzt seinen geistigen Sohn, Jawaharlal Nehru. Gandhi hat das Rad des Schicksals angestoßen, nun ist die Reihe an anderen, es in Bewegung zu halten.

1934 zieht sich Gandhi sogar aus der Kongreßpartei zurück. Zu Fuß durchstreift er nun ununterbrochen Indien, schläft unter Mangobäumen wie ein Sadhu, ein Bettelmönch. Sein Ziel ist die wirtschaftliche Unabhängigkeit der Dörfer, z.B. durch die Herstellung von indischen Streichhölzern, indischer Zahnpasta, indischen Besen, indischen Zahnbürsten. Seine Popularität ist ungeheuer. Aus der ganzen Welt kommen die Menschen, um ihn zu sehen. Nie war sein Ruhm größer als in dem Augenblick, als er sich bescheiden aus dem politischen Leben zurückgezogen hatte.

Doch hat er sich wirklich zurückgezogen? 1938 unternimmt er mit seinem Reisegefährten Ghaffar Khan eine Reise in die Berge der Pathaner. Hier sagt er einmal: „Ich bin so mächtig wie eh, und ich werde das zu gegebener Zeit beweisen."

Jawaharlal Nehru bewundert Gandhi. Er ist zwar nicht immer mit dessen Entscheidungen einverstanden, unterstützt sie jedoch stets getreulich. Dabei ist Nehru fortschritts- und wissenschaftsgläubig, der tiefe synkretistische Glaube des Mahatma ist ihm fremd. Das hindert ihn jedoch nicht, sich wie alle anderen Mitglieder der Kongreßpartei ebenfalls ans Spinnrad zu setzen, um ein Zeichen gegen den Wirtschaftsdruck der englischen Baumwollspinnereien zu setzen.

FÜNFTES KAPITEL

JAHRE DER ENTTÄUSCHUNG

Bei Ausbruch des Zweiten Weltkriegs ist der abseits der Politik lebende Gandhi nicht nur ein klarsichtiger Weiser, sondern auch ein bedingungsloser Pazifist. Er denkt nicht mehr daran, Sanitäterdienste zu leisten, noch viel weniger, Soldaten zu werben. Gewiß erfüllt ihn der faschistische Vormarsch mit Grauen: Hitler ist die Verkörperung der Gewalt selbst, die der Mahatma bekämpft. Aber den annektierten Tschechen, den von Hitler verfolgten Juden und den von Mussolini überfallenen Abessiniern rät er seine Methode an: Opfer und Nicht-Kooperation.

„Weigert euch, Hitler zu gehorchen, und geht dafür unbewaffnet zugrunde. Wenn ich so handle, werde ich zwar meinen Körper verlieren, aber meine Seele und damit mein Heil retten."

Gandhi

Die neuen politischen Führer, Nehru, das islamische Kongreßmitglied Azad und Jinnah, der Leiter der Islamischen Liga, sind alles andere als Pazifisten. Nehru ist zutiefst materialistisch, atheistisch und antifaschistisch eingestellt. Jinnah lehnt Gewalt nicht ab. Neben Gandhi gibt es nur noch einen anderen radikalen Pazifisten: Ghaffar Khan, den Gandhi der Grenzen. Zum ersten Mal hört man nicht mehr auf den Mahatma: Angesichts der Nazibarbarei muten seine Methoden wirkungslos an, erscheinen ohnmächtig, ja rührend. „Ich habe nie eine Niederlage erlebt", sagt Gandhi, „und ich will auch jetzt keine Niederlage erleben…"

Er sieht sich jedoch in einer Falle gefangen, gelähmt durch einen inneren Konflikt. Er sieht sich „im Streit mit Gott, der solche Dinge erlaubt". Aber Gott hat unrecht, und Gandhi hat recht. Nicht einen Fußbreit weicht Gandhi von seinem Pazifismus ab.

Am 14. September 1939 verurteilt die Kongreßpartei, deren Mitglied er nicht mehr ist, den Angriff der Nazis auf Polen und bietet England militärischen Beistand als Gegenleistung für die Unabhängigkeit an. Damit beginnt Bapus Leidensweg. Im Juni 1940 kommt es zum Bruch zwischen Gandhi und der Kongreßpartei.

Zwei Hindus und zwei Moslems: Als der lange Befreiungskampf der Inder seinem Ende zugeht, versuchen drei dieser Männer verzweifelt, die Einheit des riesigen Lands zu bewahren. Es sind der universell-religiöse Gandhi, der atheistische Nehru und der überzeugte Moslem Maulana Azad, die der Glaube an ein Indien vereint. Nur Mohammed Ali Jinnah (oben rechts), ein Moslem eher aus Patriotismus denn aus religiöser Überzeugung, will ein „autonomes Pakistan", d. h. eine Zerstückelung des indischen Subkontinents.

Für ihn halten sich das Grauen vor dem Krieg und das Grauen vor den Nazis die Waage. Als man ihn an seinen Einsatz im Jahr 1918 erinnert, sagt er ohne jeden Hochmut: „Ich habe mich von der einen Wahrheit zu einer höheren Wahrheit weiterentwickelt." Der Wahrheitssucher schämt sich nicht, von seiner allmählichen Entwicklung zu sprechen. Aber die Wahrheit von 1940 bringt ihm eine schreckliche persönliche Niederlage bei.

Die Kongreßpartei wartet nur noch auf die Unabhängigkeit, um England, das schon fast kein Weltreich mehr ist, zu unterstützen. Als Antwort schlägt der Vizekönig Linlithgow auf Anordnung Churchills der Kongreßpartei vor, einem beratenden Kriegsausschuß beizutreten. Von Unabhängigkeit könne dagegen keine Rede sein. Enttäuscht wählt die Kongreßpartei wieder Gandhi zu ihrem Vorsitzenden, und der Mahatma initiiert individuelle Satyagrahas, die repräsentativen Persönlichkeiten übertragen werden. Diese ziehen durch die Dörfer und predigen die Nicht-Kooperation am Krieg. Im Frühjahr 1941 wird Indien direkt vom Krieg bedroht, als Hongkong in die Hände der Japaner fällt, die im Februar 1942 Singapur und schließlich Java und Sumatra erobern. Dann fällt, in unmittelbarer Nähe, Rangun, die Hauptstadt Burmas.

Der Angriff auf Pearl Harbor am 7. Dezember 1941 und der Eintritt der USA in den Zweiten Weltkrieg lassen die Kriegsgefahr für Indien wachsen: Die japanischen und nationalsozialistischen Streitkräfte könnten sich auf indischem Boden vereinigen wollen. Präsident Roosevelt hat sehr wohl verstanden, daß die zögernde Bereitschaft Indiens, an der Seite der freien Welt in den Kampf einzutreten, auf die störrische Haltung Churchills zurückzuführen ist. Daher entsendet er einen persönlichen Sonderbeauftragten nach Indien, und die Labourpartei übt in London Druck auf die Umgebung des Premierministers aus.

Über Ägypten nähert sich General Erwin Rommel. Eine Vereinigung zwischen Deutschland und Japan ist durchaus denkbar. Diese würde genau in Indien stattfinden. England jedoch ist außerstande, Indien zu verteidigen. Gleich zu Beginn des japanischen Angriffs sind die „Repulse" und die „Prince of Wales", die wichtigsten englischen Kriegsschiffe, versenkt worden. Lord Linlithgow läßt daraufhin alle Satyagrahis frei und bittet sie um ihre Hilfe.

In den Vereinigten Staaten zeigt sich Präsident Theodore Roosevelt beunruhigt und fordert Churchill zu einer Kompromißlösung für Indien auf. Bald erscheint Sir Stafford Cripps in Delhi. Er ist bevollmächtigt, Indien den Status eines Dominions und eine verfassunggebende Versammlung anzubieten – beides allerdings erst nach Kriegsende. Außerdem soll ein Drittel der Versammlungsmitglieder von den bekannt englandfreundlichen Maharadschas ernannt werden. Angesichts der japanischen Bedrohung fühlen sich die Inder ohnmächtig, schlecht verteidigt und wieder einmal betrogen.

Zum ersten Mal findet der erfahrene alte Führer nicht die richtige Devise: Die drohende japanische Gefahr für Asien und der unbedingte Antifaschismus der jungen indischen Garde bringen die letzte politische Aktion Gandhis zum Scheitern. Und auf diesen schicksalhaften Augenblick hat sein alter Gegner Churchill nur gewartet.

Montag ist seit langem für Gandhi der Tag des Schweigens. Am Montag, dem 13. April 1942, gibt ihm seine innere Stimme die neue Devise ein: „Quit India", „Engländer, verlaßt Indien!" Im August schreitet er zur Tat und ruft zum endgültigen Ungehorsam auf: „Ich will die Freiheit sofort, noch heute nacht, möglichst vor Morgengrauen."

Er, der sonst so gut zu warten versteht, der seine Gegner stets höflich vor dem Kampf in Kenntnis setzt, er hat es plötzlich eilig. Er ruft „zur offenen Rebellion, zur

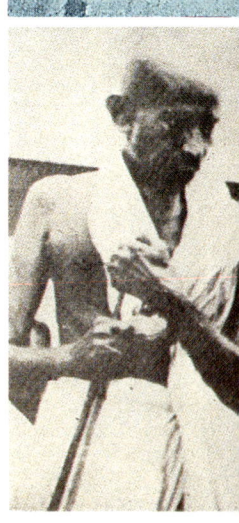

Churchill hatte als Offizier des 4. Husarenregiments der Königin in Indien gedient. Noch 50 Jahre später schickt er allmonatlich einem alten indischen Diener zwei Pfund. Er liebt Indien und das britische Weltreich, und so sagt er: „Ich bin nicht Premierminister Seiner Majestät des Königs geworden, um den Vorsitz bei der Auflösung des britischen Weltreichs zu übernehmen." Aber wenn er sich auch Indien wirklich verbunden fühlt, so hat er doch für die Kämpfer für die Unabhängigkeit, die er als Strohmänner bezeichnet, nur tiefe Verachtung übrig. Auf Roosevelts Bemühungen antwortet er mit einer Verzögerungstaktik. Schließlich muß er schweren Herzens den „größten Rückzug in der Geschichte" erleben – so die Schlagzeile des „Manchester Guardian" nach der Rede des britischen Labourchefs und neuen Premierministers Clement Attlee, in der angekündigt wird, daß „die Souveränität Indiens nun in verantwortliche indische Hände übergehen" werde.

gewaltlosen, totalen Revolution" auf. Er setzt eine Frist von drei Wochen, in denen er mit dem Vizekönig verhandeln und seinen Entschluß begründen will. Aber bei Tagesanbruch erhält Indien nicht die erwartete Freiheit, sondern Gandhi findet sich mit allen politischen Führern des Kongresses im Gefängnis wieder. Nur Mohammed Ali Jinnah, der Führer der Islamischen Liga, bleibt in Freiheit. Auch Churchill hat es nun eilig: Seit 1935 hat er auf eine Gelegenheit gewartet, den „nackten Fakir" auszuschalten.

Und er läßt brutal alles, was auch nur entfernt mit der Kongreßpartei zu tun hat, unterdrücken. Damit löst er einen nie dagewesenen Terrorismus aus: Sabotage, Attentate, Brandstiftungen. Das „Quit India" hat eine schwere Niederlage erlitten.

Kasturbai wird in dem Augenblick gefangengesetzt, als sie vor einer Versammlung sprechen soll. Und Gandhi wird in Yeravda in einem Palast Aga Khans gefangengehalten. Das Gefängnis ist zwar viel luxuriöser als alle seine früheren, aber Gandhi fühlt sich darin weder glücklich noch frei wie während seiner früheren Gefängnisaufenthalte.

Der Vizekönig sucht nun zu beweisen, daß Gandhi die Verant-

MR. G.

Congr
Ro

MR. Gandhi, M
dent, membe
ral members of
minent local Con
suburbs early on
cial train.

NDHI ARRESTED
BOMBAY

Declared Illegal:
up of Leaders

Abul Kalam Azad, the Congress Presi-
the Congress Working Committee, seve-
l-India Congress Committee and pro-
eaders were arrested in Bombay and the
y morning and taken to Poona by a spe-

wortung für die Welle von
Gewalt trägt. Vergeblich
schreibt ihm Gandhi einen
höflichen Brief. Er fastet
drei Wochen, um die An-
schuldigungen zu entkräf-
ten. Wieder setzen sich
die Massen in Bewegung
– ohne Ergebnis. Und
obwohl Gandhi fast stirbt,
erreicht er nichts: Es ist
Krieg; da verliert selbst
das Fasten seinen Sinn.

Zu diesen Mißerfol-
gen kommen auch noch
zwei Trauerfälle: Gandhis
Adoptivsohn und Sekre-
tär, Mahadev Desai, stirbt
in recht jungem Alter.
Und am 22. Februar er-
liegt Kasturbai einer aku-
ten Bronchitis – ihr Kopf
ruht im Schoß ihres

Die Nachricht von
der Gefangenschaft
des Mahatma versetzt
ganz Indien in Auf-
regung. Polizeistationen
werden in Brand gesetzt,
Telegraphenleitungen
zerstört, englische
Beamte tätlich angegrif-
fen… Aus dem Gefäng-
nis korrespondiert
Gandhi mit dem Vize-
könig Linlithgow. Einer
macht den anderen für
die Welle von Ausschrei-
tungen, die das ganze
Land überflutet, verant-
wortlich. Aber der
„liebe Lord Linlithgow"
läßt den „lieben Herrn
Gandhi" nicht frei. Es
gelingt dem Vizekönig
nicht, den alten Ma-
hatma davon zu über-
zeugen, daß seine
Fastenaktion eine „poli-
tische Erpressung" ist.
Nur mit Mühe ist
Gandhi dazu zu bewe-
gen, seinem Trinkwas-
ser während der Fasten-
zeit Fruchtsaft bei-
zumischen.

Mohania. Bis zum letzten Augenblick hat Gandhi Penizillin-Spritzen für Kasturbai abgelehnt. „Wenn ich das Penizillin erlaubt hätte", sagt er bei ihrer Einäscherung, „hätte es sie nicht gerettet. Sie ist auf meinen Knien verschieden, was könnte es Besseres geben?" Gandhi selbst leidet an Malaria und Amöbenruhr und ist selbst dem Tod sehr nahe. Churchill erwartet bereits ungeduldig Gandhis Ende. Drei Monate nach dem Tod Kasturbais läßt er ihn, aus Furcht, der alte Mahatma könnte im Gefängnis sterben, frei. Doch Gandhi stirbt nicht: Er erholt sich allmählich und nimmt den Kampf wieder auf.

Endlich ist der Krieg zu Ende. In England kommt 1945 die Labourpartei an die Regierung. Eine der Hauptsorgen des neuen Premierministers Clement Attlee ist die Unabhängigkeit Indiens. Er betraut den Vizekönig Lord Wavell mit der Aufgabe, Indien in die Freiheit zu entlassen. Doch die so lange erwartete, so heiß ersehnte Unabhängigkeit wird für Gandhi zur tiefsten Enttäuschung.

Mohammed Ali Jinnah, ein Anwalt mit ausgesprochen westlichem Lebensstil, lebt in Bombay in einem Palast am Meer. Der „New York Times" zufolge ist er 1946 einer der „bestangezogenen Männer des britischen Empire". Er ist kein besonders strenggläubiger Moslem: Er trinkt Alkohol und ißt Schweinefleisch, ist mit einer Parsin verheiratet und kämpft für die Vereinigung von Hindus und Moslems, die er zur treibenden Kraft bei der Gründung des Staats Pakistan wird. Das „Land der Reinen", der erste islamische Staat der Welt, wird ihm zur fixen Idee. Als seine Tochter ihrerseits einen Parsen heiratet, verstößt er sie. Gandhi, der immer noch hofft, Jinnah zu überzeugen, verhandelt 1944 einmal acht Tage lang mit ihm – vergeblich.

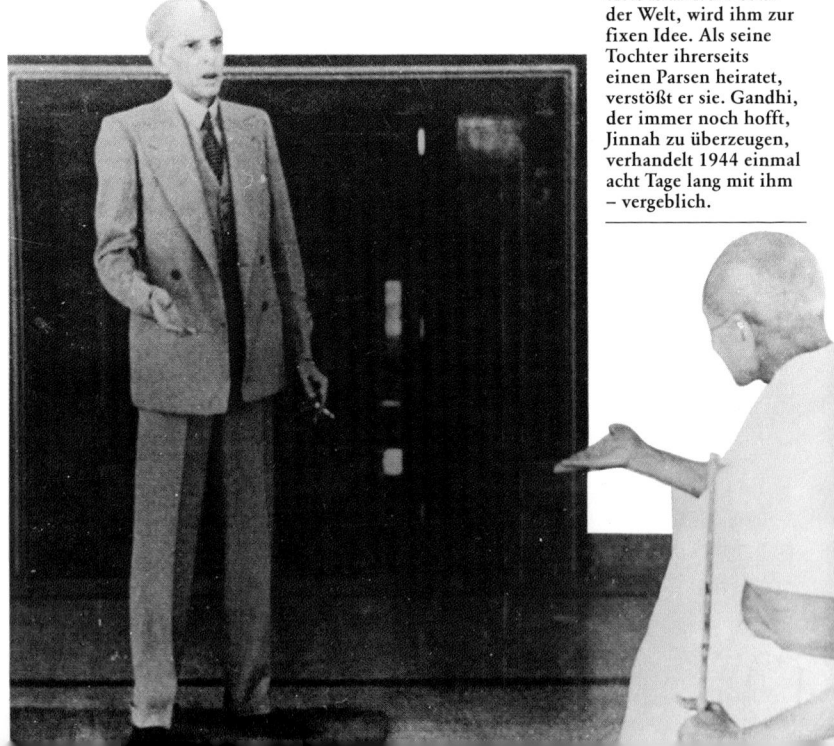

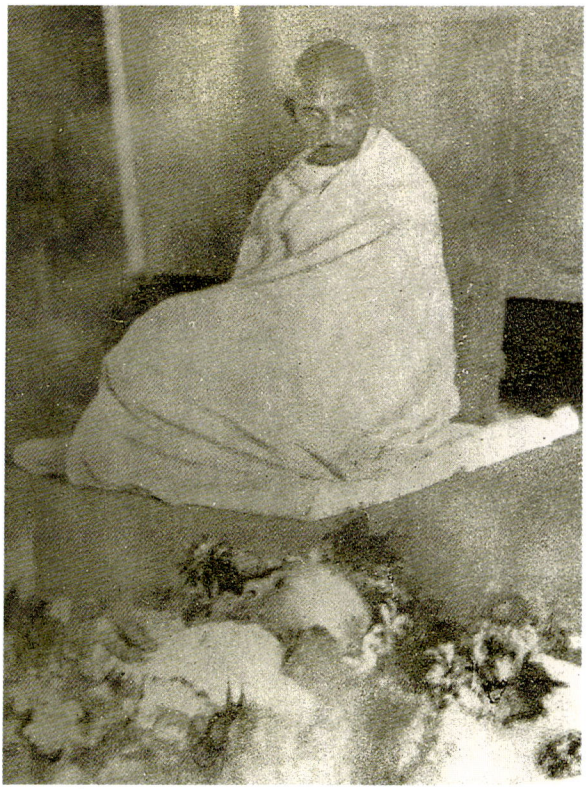

Gandhi am Totenbett seiner Frau. Kasturbai ist im Lauf der Jahre zu „Ba", zur Mutter, geworden. Längst schon hat sie jeden Widerstand gegen ihren tyrannischen „Bapu" aufgegeben. Sie identifiziert sich mit Mohanias Kampf, organisiert Versammlungen und geht auch ins Gefängnis. Ihre Schlagfertigkeit verliert sie allerdings nicht, selbst wenn ihr die Finessen von Gandhis Kampf nicht immer ganz einsichtig sind. Sie stirbt im Schoß ihres Ehemanns aus Kinderzeiten. Ihr ältester Sohn kommt zu ihrem Kummer betrunken an ihr Sterbelager. Nach ihrem Tod sagt Gandhi:„Ich kann mir ein Leben ohne Ba nicht vorstellen... Wir haben 62 Jahre zusammengelebt." Darüber, daß sie in seinem Schoß gestorben ist, schreibt er: „Ich bin über die Maßen glücklich." Sechs Wochen später erkrankt er ernstlich.

Alle sind gegen die Teilung von Britisch-Indien in zwei unabhängige Staaten, einen islamischen und einen nicht-islamischen. Dagegen sprechen geographische, wirtschaftliche und soziologische Gründe. Aber Jinnah setzt entschlossen diese Zweistaatlichkeit durch.

Wavell hat schon lange, bevor er Attlees Instruktionen erhält, die wichtigsten indischen Führer freigelassen, in Simla versammelt und Verhandlungen mit ihnen aufgenommen. Gandhi ist zwar kein Abgeordneter, begibt sich aber trotzdem nach Simla, wo ihn ein neuer Gegner erwartet, ein Mann, härter als Smuts, unbeugsamer als Churchill und unerbittlicher als Ambedkar, der Unberührbare: Es ist der Moslem Jinnah. Er ist es, der die Konferenz zum

The Sun

Amrita Baza

RECD. No. C 32.

77TH YEAR OF PUBLICAT

CALCUTTA SUNDAY, JULY 15, 1945

Editor — TUSHAR KANTI GHOSH

SIMLA CONFER

Scheitern bringt, da er sich vorbehält, alle Moslems der künftigen provisorischen Regierung im Namen der Islamischen Liga auszuwählen. Das bedeutet die Nichtachtung der Moslems in der Kongreßpartei. Jinnah hat kein Interesse an einem großen Staat Indien, sondern er will vielmehr um jeden Preis seinen eigenen Staat Pakistan, das „Land der Reinen", bilden. Die in den 30er Jahren bei der Konferenz am runden Tisch gesäte Zwietracht ist schließlich aufgegangen.

Erneut schickt die englische Regierung Sir Stafford Cripps an der Spitze einer Delegation nach Simla, aber auch diese Konferenz endet ohne Ergebnis. Der eigentliche Gegensatz besteht nicht so sehr zwischen Jinnah und Gandhi, sondern vielmehr zwischen Jinnah und Nehru. Keiner der beiden findet sich bereit, dem anderen auch nur das kleinste Zugeständnis zu machen. Die Delegation befaßt sich mit Jinnahs Teilungsvorschlag und legt ausführlich die Argumente dagegen dar: Eine Teilung würde die Konflikte zwischen verschiedenen Religionsgemeinschaften nicht regeln, würde den Pandschab und Bengalen zerstören und beide Länder schwächen. Pakistan selbst, das aus zwei Teilen östlich und westlich von Indien besteht, die über 1000 km voneinander entfernt sind, würde unregierbar sein. Die Mission Cripps' zieht daraus den Schluß, daß es eine provisorische Regierung an der Spitze eines einigen Indien geben müsse.

Jinnah lehnt aber die Bildung einer solchen Regierung ab, und daher beauftragt Lord Wavell Nehru damit. Nehru bietet Jinnah nun verschiedene Ministerposten an, doch auch dazu findet sich dieser nicht bereit und kündigt für den 16. August 1946 eine „Direktaktion" an. Vier Tage später zählt man in Kalkutta 5000 Tote und 15000 Verletzte.

NCE FAILS

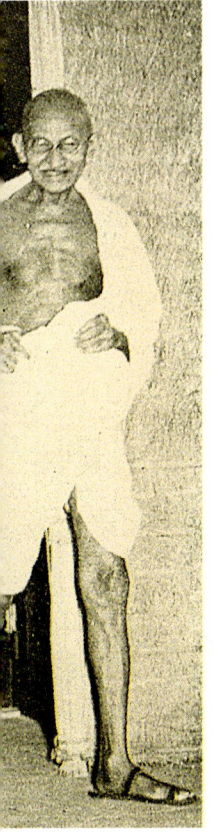

Im Bezirk von Noakhali in Bengalen töten Moslems viele Hindus, vergewaltigen deren Frauen und zwingen sie, zum Islam überzutreten. Aus Rache tötet die hinduistische Mehrheit in Bihar die Moslems zu Zehntausenden. Noch bevor das freie Indien existiert, zerfleischt es sich bereits. Gandhi spielt in der Politik keine Rolle mehr, man hört ihm kaum noch zu. Zwar gehen ihn die Regierungsangelegenheiten nichts mehr an, aber er erinnert sich daran, daß er bereits einmal erfolgreich gegen das Blutvergießen zwischen Hindus und Moslems gefastet hat. Aber wie weit liegt diese Fastenaktion aus dem Jahr 1924 zurück!

Doch erneut begibt sich der alte Mann auf Wanderschaft. Er zieht von Dorf zu Dorf, um „die Tränen in allen Augen zu trocknen". Inzwischen ist er 75 Jahre alt. Täglich bittet er in einem islamischen oder einem hinduistischen Haus um Obdach, nimmt hier einem Moslem, dort einem Hindu das Versprechen ab, die jeweils andere Religionsgemeinschaft zu schützen. Er zitiert aus dem Koran, aus der Bibel und der Gítá. Er achtet dabei nicht auf Kränkungen und Flüche, nicht auf Exkremente und Glassplitter auf

Nach Aussage Lord Wavells scheitert die Konferenz von Simla an der Haltung von Jinnah, dem Vorsitzenden der Islamischen Liga. Die Kongreßpartei ist eine nationale Kraft, in der es Angehörige aller Religionen gibt. Die Islamische Liga dagegen ist eine religiöse Partei. Die Forderung Jinnahs, alle Moslems in dem zu wählenden Rat des Vizekönigs sollten aus seiner Liga stammen, bedeutet praktisch den Ausschluß aller islamischen Mitglieder der Kongreßpartei. Diese Forderung ist das sicherste Mittel, um die indische Union zum Scheitern zu bringen.

Lord Pethick-Lawrence, der für Indien zuständige Staatssekretär, hier neben Gandhi, soll Hindus und Moslems zu einem gemeinsamen Vorgehen bewegen. Vergeblich. In Gandhis Augen kommt die Teilung Indiens in zwei Nationen einer Gotteslästerung gleich. In „Harijan" schreibt er: „Es ist immer wieder bewiesen worden, (…) daß abgesehen von den Führern der Islamischen Liga alle für die Einheit Indiens sind." Aber bald ist Gandhi der einzige, der noch von der verlorenen Einheit träumt. Alle anderen sind zu ungeduldig, und die Teilung wird unausweichlich.

Die beiden Teile Indiens sind wie die Wasser eines Flusses untrennbar miteinander verquickt: Das hinduistische Indien (700 Millionen Menschen im Jahr 1987) und das islamische Indien (70 Millionen Menschen im Jahr 1987). Zwei Welten, zwei Religionen, zwei Baustile: links der Eingang zu einem großen Hindutempel in Madurai im südlichen Indien; rechts die Moschee von Lucknow im Norden.

0032. P. Z. - LUCKNOW. MODJIBAMAN.

seinem Weg. Er wandert weiter, betet und versöhnt feindliche Nachbarn.

In London hat Clement Attlee unterdessen im Unterhaus bekanntgegeben, daß der letzte Vizekönig Indiens, Lord Mountbatten, das fortan unabhängige Indien vor Ende Juni verlassen werde. In Delhi empfängt Lord Mountbatten Gandhi und Jinnah zu ausführlichen Gesprächen. Jinnah droht dabei offen mit dem Bürgerkrieg: Solange das Land nicht geteilt ist, wird es zwischen den verschiedenen Religionsgemeinschaften immer wieder zu blutigen Aufständen kommen.

Die Würfel sind gefallen: Jinnahs Pakistan und Nehrus Indien entstehen in derselben Nacht. Für Gandhi ist keines dieser Länder „sein" Indien.

Der greise Mahatma, der in Banghi Colony im Viertel der Unberührbaren lebt, hält in Delhi wie in Noakhali und Bihar allabendlich öffentlich Gebete ab. Von islamischer Seite verbietet man ihm, den Koran zu rezitieren, von hinduistischer nennt man ihn „Mohammed Gandhi". Als er erfährt, daß die Unruhen in Bihar wieder aufgeflammt sind, eilt er dorthin, nur um zu hören, daß man sich inzwischen in Noakhali gegenseitig umbringt. Noch einmal versucht er, Jinnah zur Annahme des Premierministerpostens in einem vereinten Indien zu bewegen, doch es ist vergeblich. Die Menschen hören nicht mehr auf ihn. Seine Zeit ist vorbei. Nie zuvor hat er solche Mißachtung erlebt – doch nun führt er einen vergeblichen Kampf. Schließlich spricht sich auch Patel grundsätzlich für eine Teilung aus. Und Nehru gibt nach, widerwillig zwar, aber die Kongreßpartei ist müde, und die alten Kämpfer haben nach jahrelangem Kampf genug. So bereitet Lord Mountbatten die Teilung Indiens in die Staaten Pakistan und Indien vor. Der Mahatma hat den Kampf verloren.

Sofort eilt Gandhi nach Kalkutta, da er spürt, daß diese Stadt besonders gefährdet ist. Vielleicht würde es ihm ja doch gelingen zu beweisen, daß sich die beiden Religionsgemeinschaften trotz allem verständigen können. So schlägt er seinen Wohnsitz in Kalkutta auf.

Am 15. August 1947 wird der Union Jack eingeholt und die indische Fahne gehißt. Auf den Farben der Kongreßpartei, Grün-Weiß-Orange, steht an der Stelle des Spinnrads Gandhis das antike Rad Kaiser Ashokas. Die ganze Nacht hindurch preisen Redner den „Vater der

Endlich weht die Fahne über dem freien Indien. In Gandhis Abwesenheit hält Nehru im Roten Fort, einem bedeutenden Ort der mogulischen Geschichte, seine erste Rede. Alljährlich wird hier am 15. August die Gedenkrede für die Geburtsstunde der Nation gehalten.

Nation", wie Gandhi nun zum ersten Mal genannt wird. Zum Klang der traditionellen Muschelhörner rufen die Menschen immer wieder: „Es lebe der Sieger Mahatma Gandhi!"

Aber für den ist die Geburtsstunde Indiens eine „geistige Tragödie". Er verbringt den 15. August in Kalkutta, lehnt alle Ehrungen ab und sendet auch keinerlei offizielle Grußbotschaft. Statt dessen fastet er.

SECHSTES KAPITEL
DAS MARTYRIUM

Die größte Völkerwanderung aller Zeiten beginnt nun. 12 Millionen Flüchtlinge verlassen ihre Dörfer, ihre Häuser und brechen in ein neues Land auf. Die Moslems verlassen Indien und ziehen nach Pakistan, die Hindus aus dem neuen islamischen Staat, dem „Land der Reinen", gehen nach Indien.

Im Lauf der durch die Teilung verursachten Flüchtlingsbewegungen in beide Richtungen – Indien – Pakistan und Pakistan – Indien – gibt es Zwischenfälle, die sich zu Massakern auswachsen. Schon vor dem Unabhängigkeitstag kommt es im Pandschab zu Feuersbrünsten und Blutvergießen. Auch Lahore, das an Pakistan fallen soll, steht in Flammen. In Amritsar schütten als Moslems verkleidete Hindus den wirklichen Moslems in den Gäßchen und im Bazar Salzsäure ins Gesicht.

Auf Ersuchen Nehrus bleibt Lord Mountbatten zunächst
als Generalgouverneur im Amt. Er bildet eine Sondereinheit
von 25 000 Mann, die jedoch rasch dezimiert wird.
Bereits am 15. August trifft ein ganzer Zug mit Leichen
auf dem Bahnhof von Amritsar ein, das „Unabhängigkeits-
geschenk für Nehru", wie es in einer weißen Inschrift auf
dem letzten Waggon heißt …

Aber in Kalkutta bleibt es friedlich. Gruppen junger
islamischer und hinduistischer Mädchen ziehen vorbei,
um den Mahatma zu sehen, der den ganzen Tag Pilger und
Bewunderer empfängt und dabei unermüdlich sein Spinnrad dreht. Der Führer der Moslems in Kalkutta, Surha-
wardy, der am Massaker der „Direktaktion" nicht ganz
unschuldig war, verlangt während eines der öffentlichen
Gebete Gandhis, „Es lebe Indien" zu rufen. Doch trotz
seiner Zurückhaltung, trotz seiner tiefen Bekümmerung
ist es Gandhi gelungen, in der gefährdetsten aller indischen Großstädte den Frieden aufrechtzuerhalten.

Leider ist dieser Zustand jedoch nicht von Dauer.
Ende August flammen auch in Kalkutta Unruhen auf, die
mehrere Todesopfer fordern. Gandhis Haus, wo sich Sur-
hawardy aufhält, wird angegriffen, da die aufgebrachte
Menge den Politiker lynchen will. Als die Angreifer beginnen, Steine zu werfen, muß die Polizei geholt werden.

Unmittelbar danach, am 2. September, beschließt der Mahatma ein tödliches Fasten, „bis Kalkutta seinen Verstand wiedergefunden hat".

Welche geheimnisvolle Intuition befähigt den alten Kämpfer, das Herz seiner Landsleute zu rühren, nun, da er sich schaudernd von ihnen abwendet? Noch am selben Tag treffen die ersten Abordnungen ein, fest entschlossen, „das Leben des Mahatma zu retten". Die Polizisten, sogar die britischen Polizisten Mountbattens, fasten aus Sympathie während ihrer Dienstzeit mit. Hindus und Moslems ziehen an Gandhis Lager vorüber, sogar gedungene Mörder liefern weinend ihre Waffen ab. Wie immer verlangt Gandhi auch dieses Mal eine schriftliche Verpflichtung.

„In Indien fließt heute das Blut in Strömen. Ich habe Hunderte von Toten gesehen und noch Entsetzlicheres: Abertausende von Indern ohne Augen, ohne Füße, ohne Hände. Nur wenige hatten das Glück, durch eine Kugel zu sterben."
Robert Trumbull in der „New York Times"

Eine wirkliche Freundschaft verbindet Gandhi mit dem Ehepaar Mountbatten. Gandhi geht sogar so weit, den letzten Vizekönig freundlich zu bitten, seinen Palast zu verlassen und ihn in ein Krankenhaus zu verwandeln. Die Mountbattens, sagt Gandhi, könnten ohne weiteres in einem Haus ohne Personal leben.

Er erhält sie am 4. September. Nun kann Gandhi Kalkutta verlassen, die Unruhen haben wirklich aufgehört.

Für Kalkutta hat er den Frieden erkämpft. Jetzt bleibt noch die Hauptstadt Delhi, das politische Herz Indiens. Bapu läßt sich hier nieder und fastet wie in Kalkutta für den nationalen Frieden.

Auch in Delhi kommt es bei Unruhen zu unzähligen Toten. Hindu- und Sikhflüchtlinge aus dem Pandschab halten das Viertel der Unberührbaren, Banghi Colony, in dem Gandhi verkehrt, besetzt. Der Mahatma wohnt in Birla House, dem Besitz eines wohlhabenden Parsen, den er seit langem kennt. Vom ersten Tag an besucht er ohne Begleitung die Flüchtlingslager, obwohl man ihn gebeten hat, nur in Begleitung dorthin zu gehen. Allzu leicht könnte er von den Hindus als Moslemfreund oder von den Moslems als Hindu ermordet werden. Doch Gandhi besteht darauf, allein zu gehen.

Und der „Totentanz", wie Gandhi das sinnlose Morden nennt, geht weiter. Blutige Ereignisse markieren die Entstehung des Landes, für das ein gewaltloser Pazifist die Freiheit errungen hat. Kinder werden ermordet, Frauen werden zu Hunderten in Brunnen geworfen. Kein Bevölkerungsteil ist mehr betroffen als ein anderer: Hindus, Moslems, Sikhs leiden alle gleichermaßen. Da Gandhi selbst Hindu ist, gilt seine schärfste Kritik den Hindus. Und durch ein erneutes Fasten will er die Moslems in Delhi besänftigen. Dabei sind die Unruhen bereits praktisch zum Stillstand gekommen.

Als es für ihn unmöglich wird, im Viertel der Unberührbaren in Delhi zu leben, nimmt Gandhi die Gastfreundschaft des reichen Parsen Birla an und lebt seinen bescheidenen Lebensstil unverändert in der riesigen Villa (rechts).

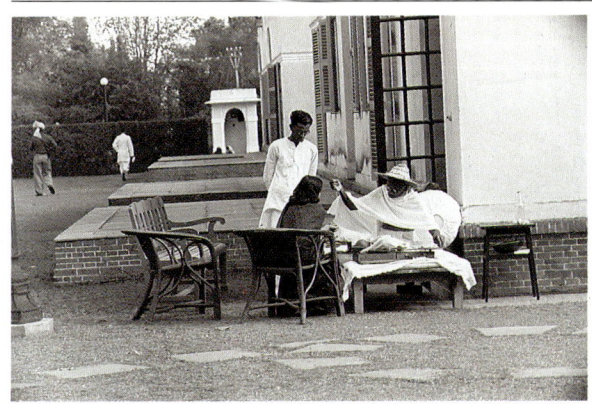

Gandhis hat ein zärt-lich-mütterliches Verhältnis zu Kindern. Sein ganzes Leben adoptiert er spontan Kinder, zuletzt Lakshmi, die mit ihren Eltern in seinen Ashram kommt. Später macht er die Tochter eines englischen Admirals zu seiner Adoptivtochter. Doch sein leiblicher ältester Sohn, Harilal, verleugnet seinen Vater.

   Dem Mahatma aber fehlt noch etwas: Er will nicht nur Ruhe, sondern wirklichen Frieden. Er ist zutiefst verzweifelt. Die Lage erscheint aussichtslos. Dennoch will er für die Versöhnung der Religionsgemeinschaften fasten. Am 13. Januar 1948 beginnt das Fasten. Wieder ziehen die Abordnungen an seinem Lager vorbei, wieder verlangt er schriftliche Verpflichtungen, Leben, Besitz und Religion der Moslems zu schützen.

Schließlich bricht er das Fasten am 18. Januar in Gegenwart des pakistanischen Botschafters ab.

Am 20. Januar, nur zwei Tage nach dem Ende seiner Fastenaktion, wird während seines öffentlichen Friedensgebets eine Bombe in Birla House geworfen. Der Urheber des mißlungenen Attentats, ein Hindu namens Madan Lal, wird festgenommen. Er gehört einer Gruppe extremistischer Hindus an, die Gandhis Tod wollen: Eine der letzten Forderungen Gandhis haben ihm diesen Haß eingetragen. Er hatte die Rückzahlung von 550 Millionen Rupien an Pakistan erreicht.

Am 30. Januar verspätet sich Gandhi bei einer Patel gewährten Audienz um fünf Minuten. Als er, auf seine beiden Großnichten Abha und Manu gestützt, Birla House verläßt, um sich durch den Garten zum Ort des öffentlichen Gebets zu begeben, nähert sich ihm Nathuram Godsé, der Chefredakteur der prohinduistischen Wochenzeitung „Mahasabha", um seine Füße als Zeichen der Ehrerbietung zu berühren. Der Mahatma legt die Hände zusammen und lächelt sein berühmtes zahnloses Lächeln. In diesem Augenblick zückt Nathuram Godsé einen kleinen Revolver und schießt dreimal auf Gandhi. Gandhi bricht zusammen, den Namen Gottes auf den Lippen.

Er ist gestorben, wie er es sich immer gewünscht hat: den Namen Gottes, „Ram, Ram", auf den Lippen. Indien und die gesamte Welt sind wie gelähmt vor Schreck.

Nehru und Mountbatten sind sofort zur Stelle. Der Chef des Indischen Rundfunks All India Radio wartet mit der Mitteilung der Todesnachricht bis 18.00 Uhr. In dieser kurzen Zeit werden Polizei und Streitkräfte in Alarmbereitschaft versetzt. Das Kommuniqué hat folgenden Wortlaut. „Heute Nachmittag um 17.17 Uhr wurde Mahatma Gandhi in Neu Delhi ermordet. Sein Mörder ist ein Hindu."

Nach Kasturbais Tod wird Gandhi ständig von seinen beiden verwaisten Großnichten begleitet, die in seiner Umgebung aufwuchsen. Um seine Keuschheit auf die Probe zu stellen, verlangt er von seiner

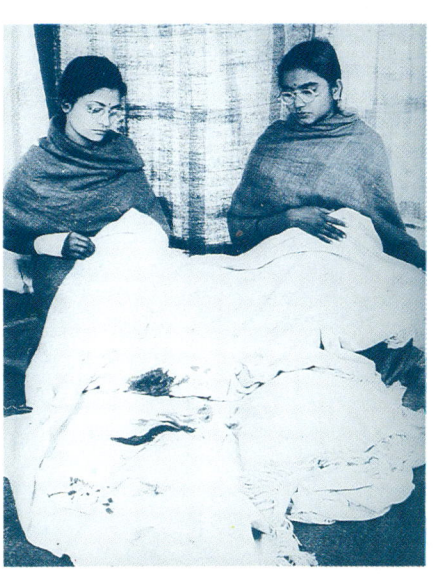

Lieblingsgroßnichte Manu, daß sie sein Lager teile. Sie tut es, aber Gandhi widersteht der Versuchung und berührt sie nicht. Auf dem Foto (oben) halten die beiden Frauen das blutbefleckte Tuch des ermordeten Gandhi in ihren Händen.

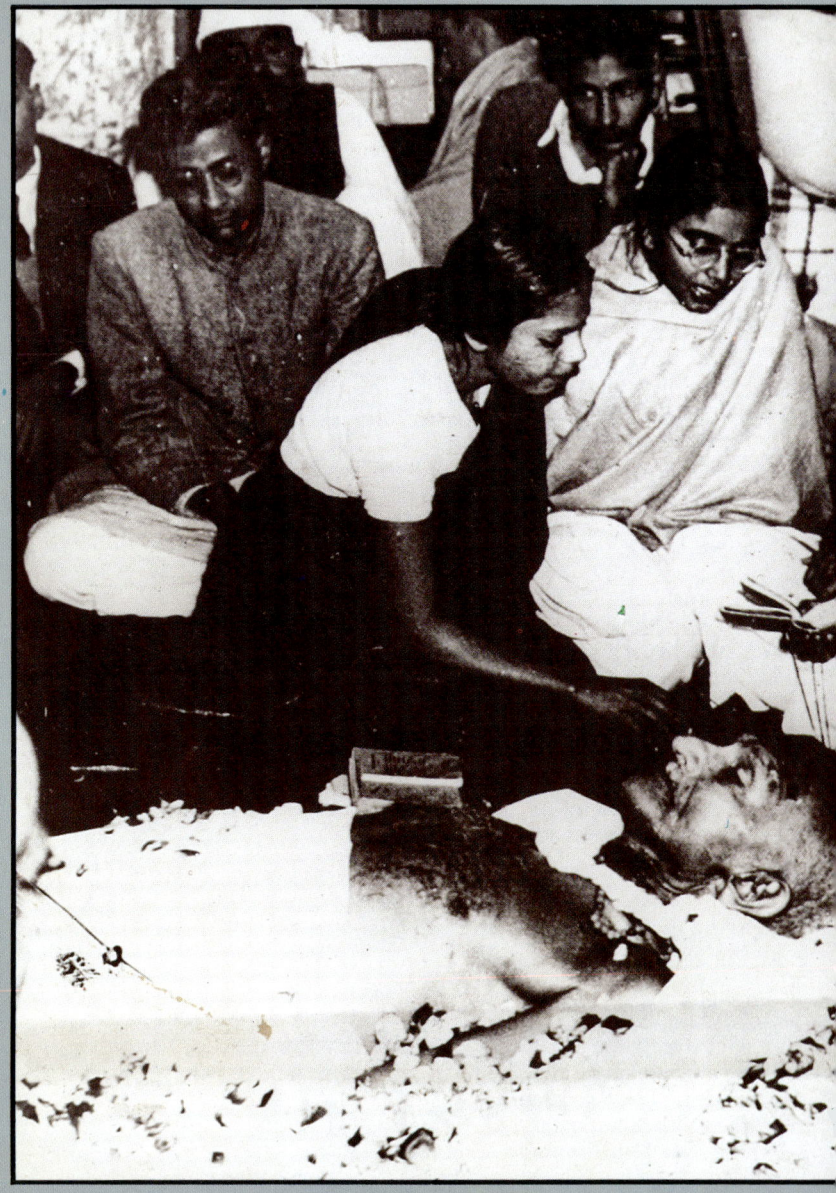

„Der Mahatma wurde ermordet, sein Mörder ist ein Hindu"

Nathuram Godsé, der Mörder Gandhis, gehört einer armen und streng konservativen Brahmanenfamilie an. Schon in seiner Kindheit glaubt man, daß er zu Großem bestimmt sei. Er ist ein schlechter Schüler, unfähig zu jeder Art von Anpassung. Später hält er es nie lange an einer Arbeitsstelle aus. 1947 arbeitet er als Schneider und interessiert sich ausschließlich für Politik. Ist er zunächst ein Anhänger Gandhis und geht sogar mit ihm ins Gefängnis, verfällt er später dem Guru Vir Sarvakar, einem opiumsüchtigen fanatischen Anhänger der Lehre von der Überlegenheit der „Wiedergeborenen", der Brahmanen. Nathuram Godsé übernimmt während des Strafprozesses die volle Verantwortung für das Attentat. 1949 wird er am Galgen hingerichtet. Er bittet darum, seine Asche bis zu dem Tag aufzubewahren, an dem der durch ein einiges Indien fließende Indus sie in seine Fluten aufnehmen wird.

In dieser Nacht herrscht in ganz Indien absolutes Schweigen. Kein Feuer brennt. Beim Morgengrauen nehmen Gandhis Sohn Devadas und seine Schüler die rituellen Waschungen vor. Gandhis Körper wird mit Rosen bedeckt und auf das Dach von Birla House gebracht, zu einer letzten Andacht. Dann wird der Sarg mit der Nationalfahne bedeckt und auf einem Dodge durch die Stadt gefahren. Der Leichenzug des Mahatma beginnt um 11.45 Uhr und erreicht um 16.20 Uhr den Ort der Kremation. 2 Millionen Inder finden sich ein. Dann verschwindet der Mahatma für immer unter dem Scheiterhaufen aus Sandelholz. Seine Asche wird am frühen Morgen des folgenden Tages von den Angehörigen eingesammelt und nach zehn Nächten den heiligen Fluten des Ganges und der Jamna, der beiden großen Flüsse Indiens, übergeben.

Nun, da er nicht mehr ist, fragen sich die Menschen, wie Gandhi in einem Menschenleben Indien die Freiheit geben konnte. Seinen Landsleuten gilt er als Heiliger, als „Vater der Nation". Aber ist er nur das?

Überall auf der Welt erwiesen ihm die Mächtigen staatsmännische Ehren. Aber ein Staatsmann war er ja gerade nicht, hatte es auch nie sein wollen, und in dem Augenblick, als ihm die Macht zufiel, zog er sich noch weiter zurück. Bei seinem Tod besitzt er nichts als eine Uhr, drei kleine, aus Knochen geschnitzte Äffchen und ein paar Bücher. Gleicht er deshalb, wie so gerne angeführt wird, Buddha oder Christus?

Am Abend des Attentats auf Gandhi wendet sich Nehru in einer Rundfunkansprache über All India Radio an die gesamte indische Bevölkerung (30. Januar 1948): „Freunde und Kameraden, das Licht unseres Lebens ist erloschen, um uns herrscht Finsternis. Ich weiß nicht, was ich euch sagen soll und wie ich es sagen soll. Unser geliebter Führer, Bapu, wie wir ihn nannten, der Vater unserer Nation, lebt nicht mehr. Vielleicht habe ich unrecht, das zu sagen. Aber wir werden ihn nicht mehr so sehen, wie wir ihn all die Jahre hindurch gesehen haben. Wir können nicht mehr bei ihm Zuflucht suchen, damit er uns belehre und tröste. Nicht nur für mich ist sein Tod ein furchtbarer Schlag, sondern auch für Millionen und Abermillionen unserer Landsleute. Und was immer ich oder andere euch auch sagen können: Die Lücke, die er hinterläßt, wird schwer zu schließen sein. (…) Wenn wir jetzt für ihn beten: Welch besseres Geschenk können wir ihm machen als unser Versprechen, der Wahrheit zu dienen, der Sache zu dienen, für die unser großer Landsmann lebte und starb? Ihn und sein Andenken zu ehren, gibt es nichts Größeres als dieses Versprechen, das wir Indien und uns selbst geben. Jai Hind! (Es lebe Indien!)"

Auch das ist er nicht. Er ist weder frömmlerisch noch fanatisch. Nichts kann ihn mehr aufbringen als die abgöttische Verehrung der indischen Massen, die in ihm eine neue Gottheit erblicken. Er sucht auch nicht wie Buddha oder Christus seine Religion, den Hinduismus, von Grund auf zu erneuern. Er vertreibt nie die Händler aus dem Tempel. Und er ist auch nie ein Yogi: Ein Yogi erreicht eine gleichmütige Unbeteiligtheit, durch die er sich aus den Angelegenheiten der Welt zurückziehen und jede Handlung, jeden Eingriff in den Lauf der Dinge, ablehnen kann. Gandhi dagegen wirkt bis zu seinem Tod in der Welt und beeinflußt das politische Geschehen aktiv.

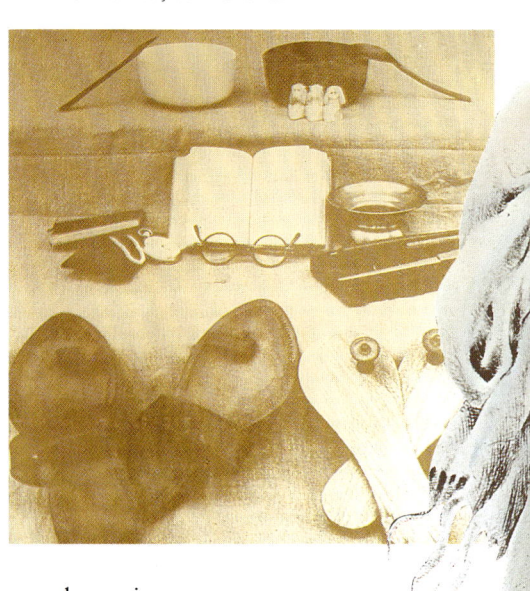

Der irdische Besitz der Großen Seele: Zwei Paar im Ashram hergestellte Sandalen, eine Uhr aus Stahl, die ihm einmal gestohlen

Die Yogapraktiken sind Gandhi bekannt, ja vertraut, aber seine Inspiration ist nie mystisch. Er selbst stellt fest, daß die Ekstase ihm unbekannt sei – und das in einem Land, wo es genügt, zu erklären, man sei ein Heiliger, um es in den Augen der anderen auch zu sein.

War er also ein Sokrates? Der Vergleich liegt nahe: Auch Sokrates hatte Schüler, wirkte durch sein Wort und sein Beispiel, störte im Namen von philosophischen Grundsätzen die öffentliche Ordnung. Aber Sokrates war kein Revolutionär. Er bewirkte keine entscheidende Wendung in der Geschichte Griechenlands. War Gandhi dann also ein neuer Diogenes? Ganz gewiß nicht. Denn wenn Diogenes auch ärmlich in einem Faß lebte, so tat er dies doch aus Menschenverachtung, nicht aus Menschenliebe. So ist Gandhi also weder Gott noch Heiliger, weder Mystiker noch Weiser, noch Zyniker... Gandhi entzieht sich allen Vergleichen, seien sie westlichen oder indischen Ursprungs. Er ist einer täglich neu durchdachten Tradition verhaftet und dadurch zutiefst modern. Im Grunde hat er in jahrelangem Suchen eine Strategie der Moderne entworfen. Das Schlüsselwort, das Sesam-öffne-dich für sein Leben hat er selbst immer aufs neue wiederholt:

und vom Dieb selbst zurückgegeben wurde, eines der heiligen Bücher, von denen Gandhi sich nie trennt – die Bhagavad-Gítá des Hinduismus, der Koran und die Bibel –, außerdem die drei kleinen Äffchen aus Elfenbein, von denen das erste sich die Ohren, das zweite die Augen und das dritte den Mund zuhält: „Höre das Böse nicht, sieh das Böse nicht, sprich das Böse nicht aus."

das Experiment. Nicht umsonst bezeichnet er sich als Sucher nach der Wahrheit. Von den naiven Versuchen in seiner Kindheit bis zu seiner letzten Fastenaktion erprobt er ständig seine Wirkung auf die Welt. Dabei zeigt er sich von äußerster Hartnäckigkeit, seine Familie hat im Zweifelsfall das Nachsehen. Er lebt zwar mit dem Kopf in den Wolken, aber doch mit beiden Beinen auf der Erde. Und er behält die Fähigkeit, einen eingeschlagenen Weg zu verlassen, wenn er ihn als Irrweg erkennt. Denn manchmal irrt auch Gandhi – und das weiß er sehr gut.

Seine Irrtümer sind vielleicht das, was ihn seinen Mitmenschen am nächsten bringt: Er ist ein Mensch wie alle anderen. Der erste Hartal entgleitet ihm und hat blutige Folgen – er war ein Irrtum. Das „Quit India" endet in einer Katastrophe, da Gandhi seinen Gegner unterschätzt; einige Fastenaktionen führen nicht zu dem gewünschten Ergebnis, z. B. das Fasten bei seinem letzten Gefängnisaufenthalt. Viel erstaunlicher ist eigentlich, daß seine großen Fastenaktionen – das epische Fasten, die beiden letzten Fasten nach der Unabhängigkeit in Kalkutta und Delhi – Erfolg hatten: Kann man sich wirklich

„Man wird Gandhis Lebensgeschichte schreiben, seine Persönlichkeit, seine Theorien und sein Werk diskutieren und auch kritisieren. Aber für einige von uns wird er nicht nur eine Persönlichkeit der Geschichte sein, sondern eine geliebte strahlende Gestalt, die unser armseliges Leben verschönt und ihm einen Sinn gegeben hat. Sein Tod läßt uns allein mit leeren Händen zurück. Wieder ersteht er vor meinem geistigen Auge, er, dessen Augen so oft lachten, die manchmal aber auch voll unendlicher Traurigkeit sein konnten. Aber am deutlichsten sehe ich ihn vor mir, wie er sich 1930 mit dem Pilgerstab in der Hand nach Dandi auf den Salzmarsch machte. Er war der Pilger auf der Suche nach der Wahrheit: ruhig, gelassen, entschlossen und furchtlos. Man fühlte, er würde seinen Weg zu Ende gehen, komme, was da wolle."
Jawaharlal Nehru, Vorwort zu dem Buch von D.G. Tendulkar, „Mahatma", 1951

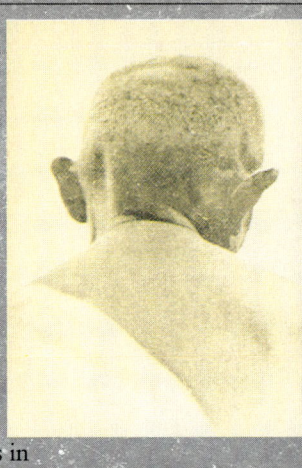

vorstellen, daß eine kleine Pressenotiz, die den
Beginn einer neuen Fastenaktion ankündigt, auch
die hartherzigsten Mörder zu Tränen rühren kann?
Natürlich gibt es da die Inspiration seiner „inneren
Stimme", aber man darf auch nicht vergessen,
daß Gandhi einen Sinn für Publikumswirksamkeit
hat, daß er sehr viel Zeit darauf verwendet, seine
Aktionen wirkungsvoll zu inszenieren. Keine seiner
Aktionen hätte ohne die öffentliche Meinung, die er
seit seinen kämpferischen Anfängen in Südafrika zu
mobilisieren versteht, Wirkung gezeitigt. Gandhis
Methoden sind urdemokratisch: Das Volk, der
Demos, urteilt, folgt oder folgt nicht, sammelt sich
um Gandhi oder bewirft ihn mit Steinen. So steht
auch außer Zweifel, daß die britische Demokratie
für ihn eine große Hilfe war: Er kämpft gegen
England zum Teil mit dessen eigenen Waffen, fängt es in
seiner eigenen demokratischen Tradition.

    War Gandhi nun verrückt oder, um einen modernen
Begriff zu gebrauchen, neurotisch? Sicher, wie jeder es bis
zu einem gewissen Grad ist, vielleicht auch neurotischer,

wie alle „Helden".
Aber er selbst legt
auch seine neuralgi-
schen Punkte, seine
Irrtümer offen:
In seiner Biographie
beschreibt er sein
krankhaftes Bedürfnis
nach Reinlichkeit,
seine Besessenheit in
Fragen der Hygiene,
und vor allem seinen
nicht enden wollen-
den Kampf gegen die
eigene Sexualität.
Einem selbstgenüg-
samen Familienleben
zieht er ein mönchisches Leben in der hinduistischen
Tradition vor. Nach unseren westlichen Maßstäben läßt
sich ein solches Verhalten nicht beurteilen. Zweifellos
ist er auch ein Tyrann – aber in erster Linie gegen sich

„Der Tod wäre für mich
eine überwältigende Be-
freiung. Lieber möchte
ich sterben, als die Zer-
störung Indiens, des
Hinduismus, der Sikh-
religion und des Islam
erleben. Ich bin in
Gottes Hand."
Gandhi während seines
letzten Fastens

„Gandhi wurde von
seinem eigenen Volk er-
mordet, für dessen Er-
lösung er gelebt hatte.
Diese zweite Kreuzigung
der Weltgeschichte fand
an einem Freitag statt,
dem gleichen Tag, an
dem 1915 Jahre zuvor
Jesus den Tod gefunden
hatte. Herr, vergib uns."
„Hindustan Standard"

selbst. Er konzentriert seinen Geist auf eine immer vollkommenere Beherrschung des eigenen Körpers. Und wenn er ein Suchender war, so ist er stets auch – körperlich wie geistig – ein Kämpfer: in seinem Kampf für die Freiheit bis zum 78. Lebensjahr; ein Kämpfer auch mit seinem asketischen Körper, seiner Fähigkeit zu langen, beschwerlichen Märschen noch in hohem Alter und zu lebensbedrohenden, aber nie tödlichen Fastenaktionen. Und nie verläßt ihn sein Lächeln. Alte, noch heute lebende Zeitzeugen sagen von ihm: „Er war ein Kind, er lachte wie ein Kind." Bis zu seinem letzten Tag ist er ein zutiefst heiterer Mensch, und auch der Schalk gehört zu seinem Wesen.

Im Lauf der Jahre hat sich dieses ewige Kind aber in eine wirkliche Mutter verwandelt. Gandhis Leidenschaft, Schmerzen zu lindern, die ihn zunächst die Früchte des Mangobaums verbinden, später seinen sterbenden Vater, seinen kranken Sohn und Kasturbai pflegen ließ und ihn schließlich dazu bringt, sich auch zum Heil Indiens, seines liebsten Kinds, einzusetzen, ist ein mütterlicher Zug. So ist Gandhi eher eine hingebungsvoll besorgte, heilende Mutter als ein „Vater der Nation".

Auf dem schwarzen Gedenkstein, der an Gandhis Leben erinnert, stehen folgende Sätze auf Englisch und auf Hindi: „Ich wünschte, Indien wäre frei und stark genug, um sich als Brandopfer für eine bessere Welt darzubringen. Jeder Mensch soll sich für seine Familie opfern, diese für ihr Dorf, das Dorf für den Bezirk, der Bezirk für die Provinz, die Provinz für die Nation und die Nation für alle Menschen. Möge Gottes Reich kommen."

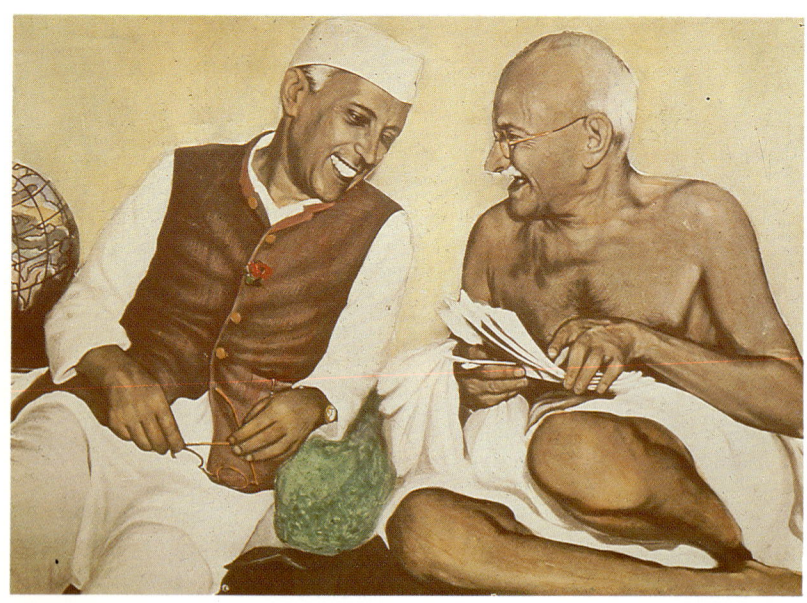

Der Mahatma hat weder den zivilen Ungehorsam erfunden noch die von den Jainas übernommene Gewaltlosigkeit, aber er hat sich im Fasten sein ureigenes, unnachahmliches Instrument geschaffen. Unnachahmlich ist auch seine Ritterlichkeit, seine Kunst, den Gegner nicht zu vernichten, dessen Schwäche nicht auszunutzen. Er versteht es wie kein anderer, den Gegner höflich vom Kampfbeginn in Kenntnis zu setzen, keine Brücke hinter sich abzubrechen und die Zukunft nie aus den Augen zu verlieren.

Jede Etappe seiner Entwicklung vom Anwalt Gandhi im Stehkragen zum halbnackten Mann im kurzen Lendenschurz mit runden Augengläsern entspricht auch seiner seelischen Wandlung. Doch immer war er ein Kämpfer – und immer in erster Linie ein Kämpfer des Geistes.

„Wie der Mensch, der seine alten Kleider fortgeworfen und neue angelegt hat, so legt auch die Seele des Menschen den alten Körper ab und setzt die Reise in neuen Kleidern fort."

Am 11. Februar 1948, am zwölften Tag nach der Kremation, trifft die Urne mit Gandhis Asche im Sonderzug in Allahabad ein, wo der Ganges sich mit der Jamna vereinigt. Ein weißes Schiff, auf dem sich der Premierminister des freien Indien befindet, legt vom Ufer ab, und Ramdas Gandhi übergibt die sterblichen Überreste des Mahatma den vereinten Wassern der beiden heiligen Flüsse. Neben der Asche schwimmen Boote mit Blumen, Früchten und Milch.

Im Juni 1948 verläßt Lord Mountbatten Indien. Im Sommer stirbt Harilal Gandhi, der älteste Sohn des Mahatma, der sich stets Mohammed Gandhi nennen ließ, unter ungeklärten Umständen in einem Provinzkrankenhaus. Er litt an Alkoholismus und Tuberkulose.

Am 11. September desselben Jahrs stirbt Jinnah, das Staatsoberhaupt des „Landes der Reinen", in Karachi an Krebs. Er hatte seinen Tod für diesen Tag erwartet.

Nehru, den Gandhi das „Juwel Indiens" nannte, trägt nach dessen Tod die historische Verantwortung für das neue demokratische Indien.

N ehru geht es nicht mehr um das Reich Gottes. An die Stelle der politischen Inspiration tritt der Intellekt, ein „säkularer", d. h. atheistischer, Sozialismus.

„Alle Völker Asiens sind erfaßt von schöpferischem Schwung und neuer Lebenskraft. Die Massen sind erwacht. Das ist eine Tatsache. Sie verlangen jetzt ihr Erbe. Überall weht jetzt ein neuer Wind. Fürchten wir ihn nicht. Im Gegenteil! Wie könnten wir ohne ihn das neue Asien bauen, von dem wir träumen? Wenn wir uns den großen neuen Kräften anvertrauen, wird unser Traum wahr werden."   **Nehru**

Wenn sie auf deinen Ruf nicht antworten: Geh allein.
Wenn sie Angst haben und sich schweigend mit
        abgewandtem Gesicht entziehen,
O du Unglücklicher,
Öffne du dein Herz und sprich laut und deutlich.
Wenn sie sich abwenden und dich im Stich lassen,
Wenn du die Wüste durchquerst,
O du Unglücklicher,
Zertritt die Disteln unter deinen Füßen.
Und reise allein auf dem blutigen Pfad,
Wenn sie dir nicht leuchten,
Wenn der Sturm die Ruhe der Nacht zerreißt,
O du Unglücklicher,
Wenn der Funke des Schmerzes in deinem
        Herzen brennt
Und dein Herz in der Einsamkeit in Flammen steht.

Rabindranath Tagore

ZEUGNISSE UND DOKUMENTE

Gandhis hinduistisches Erbe: Indische Traditionen der Gewaltlosigkeit

Mahatma Gandhis Philosophie der aktiven Gewaltlosigkeit, die er ab 1906 in Südafrika entwickelte, ist eine Synthese aus traditionell-indischer Spiritualität und westlichen demokratisch-sozialreformerischen Ideen.

Es gibt in Indien eine uralte Tradition asketischer Gewaltlosigkeit, die im wesentlichen im Jainismus und in der Ethik des Buddhismus Gestalt annahm. Diese gewaltlose Ethik des „Ahimsa" (Nicht-Töten, Nicht-Verletzen) verband Gandhi mit den eher aktivistischen Lehren der Bhagavad-Gítá, die den „Karma Yoga" oder „Gott-Vereinigung durch rechtes Tun" empfiehlt.

Mahavira und der Jainismus

Der Begründer des Jainismus, unter seinem Beinamen Mahavira, „großer Held", bekannt, wurde nach der Überlieferung 599 v. Chr., nach anderer Meinung 549 v. Chr. als Sohn einer reichen und vornehmen Familie geboren. Seine Eltern gehörten einer Sekte an, die die Wiedergeburt für einen Fluch und den Selbstmord nicht nur für erlaubt, sondern für verdienstvoll hielt. Sie machten ihrem Leben durch freiwilliges Verhungern ein Ende. Mahavira verzichtete unter dem Eindruck dieses Ereignisses auf alle weltlichen Freuden, wurde wandernder Asket und im Verlaufe seines zweiundsiebzigjährigen Lebens der Stifter einer religiösen Bewegung, die bei seinem Tode 14000 Anhänger zählte.

Nach dem Glauben seiner Anhänger war Mahavira einer der zahlreichen Jinas (= Erlöser), die in periodischer Wiederkehr auf Erden erscheinen. Der letzte Jina vor ihm, der ungefähr 250 Jahre vor Mahaviras Wirken gestorben sein soll, ist möglicherweise eine historische Persönlichkeit und vielleicht der eigentliche Begründer der Jaina-Lehre.

Schriftliche Aufzeichnungen der Lehre Mahaviras besitzen wir erst aus einer Zeit, die fast 1000 Jahre nach seinem Erdenwandel liegt. Zu dieser Zeit hatten sich die Jainas schon in mehrere Sekten gespalten, von denen die größten, die sogenannten „Weiß-gekleideten", weiße Gewänder tragen, wogegen die „Luftgekleideten" ursprünglich nackt gingen. Diese Sekten haben sich weiterhin in zahlreiche Untersekten aufgeteilt. In den Grundzügen ihrer Lehre, die vermutlich auf Mahavira selbst zurückgehen, stimmen sie aber alle überein.

Die Heilslehre der Jainas besagt: Die Welt besteht von Ewigkeit her aus belebten Einzelseelen (jivas) und unbelebter Materie (ajiva). Die jivas besitzen die Anlage zu Allwissenheit, moralischer Vollkommenheit und ewiger Seligkeit. Sie können diese Anlage jedoch nicht verwirklichen, weil sie von Anbeginn an mit materiellen Stoffen durchsetzt, gewissermaßen infiziert sind. Durch jede Betätigung der Seele wird ein Stoff in sie hineingezogen. Dadurch werden die an sich vollkommenen und unsterblichen Seelen zu sterblichen, mit materiellen Leibern behafteten Lebewesen. Erlösung der Seele aus diesem Zustand der Bindung an Stoffliches ist möglich, wenn die eingedrungenen Stoffe aus ihr entfernt werden und das Eindringen neuer verhindert werden kann. Der Weg dahin führt über strenge asketische Bußübungen, durch welche diese Stoffe getilgt werden, und einen streng tugendhaften Lebenswandel, durch den das Eindringen neuer stofflicher Verunreinigung verhindert wird. Entsprechende Gelübde fordern vom Jaina: nicht zu lügen; nichts zu nehmen, was nicht gegeben; auf Lust an weltlichen Dingen zu verzichten und vor allem, nichts Lebendes zu töten. Er darf kein Tier schlachten oder opfern; er filtriert sein Trinkwasser, um etwa darin befindliche Kleinlebewesen zu entfernen; er trägt einen Schleier, um nicht Insekten einzuatmen; er kehrt den Boden vor seinen Füßen, damit sein Fuß nicht Leben zertrete. Selbstverständlich werden diese idealen Forderungen nicht immer eingehalten, wie überhaupt die strenge Lehre Mahaviras im Laufe der Jahrhunderte mannigfachen Veränderungen Abschwächungen oder Verfälschungen unterworfen wurde.

Die Notwendigkeit, ihr streng geschlossenes dogmatisches System gegen Angriffe zu verteidigen, führte die Jainas zur Schaffung einer ausgefeilten Kunst des Beweisens und Widerlegens, die ihren Gipfel im Syadvada, einer Art Relativitätstheorie der Logik, erreichte. (...)

Die Strenge ihrer moralischen Forderungen hatte zur Folge, daß die Jainas in den breiten Massen nicht Fuß faßten. Sie blieben eine auserwählte Minderheit, die sich aber bis heute im indischen Leben behauptet hat und gegenwärtig rund 3 Millionen Anhänger zählt, die sich großenteils in einflußreichen Stellungen befinden.

Daß die geistige Nebenströmung, zu der der Jainismus im Leben Indiens wurde, nicht ohne weittragenden Einfluß geblieben ist, zeigt das Beispiel des großen Gandhi, der die Lehre von der ahimsa, der Gewaltlosigkeit gegenüber allem Lebendigen, zu einer Grundlage seines Lebens und seiner politischen Wirksamkeit gemacht hat.

Hans Joachim Störig:
„Kleine Weltgeschichte der Philosophie"

Buddhistische Ethik

Verletzung lebender Wesen meidet und verabscheut der Samana Gotama, er rührt keinen Stock, keine Waffe an, er ist friedfertig und mitleidsvoll, ihn bewegt nur die Sorge um das Wohl aller lebenden Wesen. Das, Bhikkhu, ist es z. B., was die Alltagsmenschen wohl meinen, wenn sie mit Anerkennung vom Tathāgata sprechen.

Etwas zu nehmen, was ihm nicht gegeben ist, meidet und verabscheut der Samana Gotama, er nimmt und begehrt nur, was ihm gegeben wird, frei von Diebesgelüsten ist er und ehrlichen Herzens. Auch das, Bhikkhu, ist es z. B., was die Alltagsmenschen … (wie oben)

Unkeuschheit meidet der Samana Gotama und führt einen keuschen Wandel, er lebt in Entsagung und verabscheut die Geschlechtslust, der der gewöhnliche Haufe ergeben ist. Auch das …

Lüge meidet und verabscheut der Samana Gotama, er redet die Wahrheit und ist der Wahrheit treu ergeben, zuverlässig und vertrauenswürdig, truglos gegen die Menschen. Auch das …

Verleumdung meidet und verabscheut der Samana Gotama: wenn er hier etwas gehört hat, hinterbringt er es nicht dort, und wenn er dort etwas gehört hat, nicht hier, um auf beiden Seiten Unfrieden zu stiften. Und wenn welche durch solche (Zwischenträgerei anderer) verfeindet sind, so ist er ihr Einiger, und den freundschaftlich Verbundenen ist er ein Einigkeitsförderer, an der Eintracht hat er sein Vergnügen, seine Lust und Freude, Worte redet er, die Eintracht stiften. Auch das …

Grobe Worte meidet und verabscheut der Samana Gotama. Gute, angenehm klingende, liebevolle, zu Herzen gehende, höfliche, vielen erfreuliche, vielen angenehme Worte redet er. Auch das …

Leeres Geschwätz meidet und verabscheut der Samana Gotama. Er redet nur zur rechten Zeit, er redet nur, was wahr ist, was zum Heile dient, er spricht über die Lehre, die Regeln der inneren Schulung; wo es angebracht ist, spricht er Worte, die im Gedächtnis aufbewahrt zu werden verdienen, er würzt mit Gleichnissen seine gemessene und inhaltsreiche Rede. Auch das …

Keime und Pflanzen irgendwelcher Art zu zerstören meidet und verabscheut der Samana Gotama, nur zu einer einzigen Essenszeit des Tages ißt er, abends fastet er, des Essens außer der Zeit enthält er sich; den zerstreuenden Anblick von Tanz-, Gesang- und Musikaufführungen flieht er; er verschmäht Blumenschmuck und die Verwendung von Wohlgerüchen und Salben zu kosmetischen Zwecken; auch hohe und luxuriöse Lagerstätten; er weigert sich, anzunehmen Gold oder Silber, nichtverarbeitetes Getreide, rohes Fleisch, Frauen oder Jungfrauen, Sklavinnen oder Sklaven, Ziegen oder Schafe, Hühner oder Schweine, Elefanten, Rinder, Rosse, Stuten, Felder erster oder zweiter Güte; er läßt sich nicht ein auf berufsmäßige Botengänge oder gelegentliche kleine Botendienste; mit Kauf und Verkauf will er nichts zu tun haben; er verabscheut jeden Betrug mit Waage, Maß oder unechtem Metall;

Buddha.

er ist ein Feind von solchen unehrlichen Praktiken wie Rechtsbeugung infolge von Bestechung, Überlistung und Unredlichkeit; und er gibt sich nicht ab mit Verstümmelung, Totschlag, Freiheitsberaubung, Wegelagerei, Plünderung, gewalttätigem Raube.

Auch das, Bhikkhu, ist es z. B., was die Alltagsmenschen wohl meinen, wenn sie mit Anerkennung vom Tathāgata sprechen.

Gustav Mensching:
„Buddhistische Geisteswelt".
Aus dem Buddhistischen Textkanon

Aus der Bhagavad Gita

DRITTER GESANG
von der Gott-Vereinung durch rechtes Tun

ARDJUNA SPRICHT:

1. Gilt höher als das Wirken Dir
   Erkenntnis, Krischna, sag, warum
   Treibst Du mich dann zum Kampfe an,
   Der nur zu Not und Leiden führt?

2. Mit Deiner Rede Doppelsinn
   Verwirrest Du den Willen mir;
   Zwei Wege zeigtest Du mir auf.
   Sag, welchen soll ich wählen nun?

KRISCHNA SPRICHT:

3. Zwei Wege, wahrlich, zeigt ich Dir.
   Der eine: der Erkenntnis Pfad,
   Der andere Dich Höhres lehrt:
   Selbst-Heiligung durch rechtes Tun.

4. Nicht durch Vermeidung jeder Tat
   Wirst von des Wirkens Frucht Du frei,
   Noch findest durch Entsagung je
   Vollendung, Selbst-Befreiung Du;

5. Nicht einen Augenblick bist Du
   Des Handelns ledig, Ardjuna.
   Denn Deine innere Natur
   Treibt stetig Dich von Tat zu Tat.

6. Wer sich zum Stillesitzen zwingt
   Und sich weltüberlegen dünkt,
   Dabei an Sinnendinge denkt,
   Der ist ein Tor und Heuchler nur.

7. Doch wer, reiner Gesinnung, sich
   Dem Handeln hingibt, frohen Muts,
   Von Selbstsucht, von Besitzgier frei,
   Der ist der höchsten Achtung wert.

8. Erfülle darum Deine Pflicht!
   Besser als Nichtstun ist das Werk.
   Das Tun allein ist's auch, o Held,
   Das Leib und Geist gesund erhält.

9. Nie fesselt Dich ans Leid das Werk,
   Das Du dem Ewigen geweiht;
   Drum wirk, was Dir die Pflicht gebeut.
   Von Gier frei, bist Du frei von Schuld.

10. So sprach die Gottheit, als sie einst,
    Sich selbst verströmend, schuf die Welt:
    „Das Opfer ist der Fülle Quell;
    Durch Geben nur empfanget ihr!"

11. Gebt ihr dem Göttlichen euch hin,
    Wird Gottes Reich euch zuteil;
    Wenn eins dem anderen sich schenkt,
    Erlanget ihr das höchste Heil.

12. Seht ihr in Gott des Glückes Born,
    Dann fällt euch zu, was ihr ersehnt;
    Doch wer des Ewigen Geschenk
    Ohn' Dank genießt, der ist ein Dieb.

13. Wer stets bei dem, was er genießt,
    Zuerst des Ewigen gedenkt,
    Der handelt recht; doch dem verdorrt
    Die Nahrung, wer für sich nur sorgt.

14. Durch Nahrung lebt der Wesen Schar,
    All' Speis' des Regens Opfer schafft,
    Der Wolken Opfer Regen bringt –
    Laß auch Dein Tun stets Opfer sein!

15. Das Opfer ist des Alls Gesetz.
    Kein' Schöpfung ohne Opfer ward.
    Wo immer wir je opferten,
    Da opfert Gott durch uns, für uns.

16. Wer diesen Kreislauf unterbricht,
    Den einst die Gottheit selbst begann,
    Und gierversklavt an sich nur denkt,
    Der lebt vergeblich, Ardjuna.

17. Doch wer der innren Stimme folgt,
    Sich nach sich selber richtet stets,
    Wem Selbst-Verschenken Seligkeit,
    Deß Handeln wirkt leidloses Glück.

18. Gelassen läßt ihn, was geschieht,
    Was unterbleibt, was andre schreckt;
    Nicht sucht bei anderen je Halt
    Der in sich selbst Verankerte.

19. Vollbringe darum Deine Pflicht
    Gelassen, ohne Gier, ohn' Hang!
    Wer handelt ohne Leidenschaft,
    Erreicht das höchste Ziel, o Held.

20. Vollendung fand Prinz Dschanaka
    Und mancher andre durch solch Tun;
    Dem Heil der Menschen dienten sie.
    Dein Handeln sei kein mindrer Dienst!

21. Bedenke: was ein Tapfrer tut,
     Das ahmen auch die andern nach;
     Das Beispiel, das der Edle gibt,
     Ist Vorbild für die Nachwelt bald.

22. Selbst ich, der alles schon vollbracht,
     Den ärmer nichts, nichts reicher macht,
     Selbst ich, dem Tun wie Nicht-Tun ist,
     Selbst ich wirk ohne Unterlaß.

23. Würd' ich nur einen Augenblick
     Das Wirken lassen, Ardjuna,
     Darin die Wesen allzumal,
     Vollendung suchend, folgen mir,

24. Führwahr, zugrunde ging' die Welt,
     Die mein beständig Tun erhält;
     Urnebel würd' das Welten-All
     Und alles Leben stürb' im Nu.

25. Das Herz des Toren hängt am Tun
     Und an der Frucht deß, was er wirkt.
     Der Weise handelt ohne Hang.
     Dem Wohl des Ganzen dient sein
         Werk.

26. Doch nicht verwirrt der Toren Herz
     Der Weise, der den Wahn durchschaut;
     Er lehrt sie Hingebung ans Werk.
     Doch giert er nicht, acht't nicht des
         Lohns.

27. Er weiß: jedwede Tat, die hier
     Geschieht, folgt dem Kausal-Gesetz.
     Nur blinder Ich-Wahn bläht sich auf:
     „Ich bin der Täter dieser Tat!"

28. Doch wer den Unterschied erkannt
     Von Sein und Schein, von Kraft und
         Werk,
     Wer um die Kraft hinter der Kraft,
     Um Gott weiß, hängt nicht mehr am
         Schein.

29. Die noch das Spiel der Kräfte täuscht,
     Die ihren Werken hängen an –
     Sie alle stör' der Weise nicht,
     Der das Gesetz des Alls erkannt!

30. Du aber gib bei allem Tun
     Stets mir Dich hin, denk nur an mich,
     Von Hoffen und Begehren frei!
     Rüst Dich zum Kampf nun ohne
         Furcht!

31. Wer diesem meinem Rufe folgt,
     Wer mir vertraut, von mir erfüllt
     Stets gläubig meinen Willen wirkt,
     Erlangt Erlösung durch sein Tun.

32. Wer aber meinen Ruf nicht hört,
     Wer meine Stimm' in sich erstickt,
     Wem Wissenswahn die Einsicht trübt,
     Der ist verlor'n, verdirbt und stirbt.

33. Der Wissende tut, unbewußt,
     Was seiner Wesenheit gemäß.
     All' Wesen folgen der Natur –
     Kein Zwang durchbricht dies Seins-
         Gesetz.

34. An jedem Ding der Sinnenwelt
     Hängt Neigung und Abneigung fest.
     All' beide sind des Weisen Feind.
     Nicht werde je ihr Sklave Du!

35. Erfüll nur willig Deine Pflicht,
     Mag auch Verderben Dich umdräun!
     Nicht kümmre Dich, was andre tun;
     Dir selbst bleib treu und Deiner
         Pflicht!

ARDJUNA SPRICHT:

36. Wie kommt es, Krischna, daß ein Mann
     In Schuld und Sühne sich verstrickt,
     Auch wenn er selbst es gar nicht will,
     Als treib ihn eine fremde Macht?

KRISCHNA SPRICHT:

37. Die Gier treibt ihn, die Leidenschaft,
     Die aus dem Haften stets entspringt;
     Leidzeugend, unheilvoll und blind
     Ist sie. Erkennst Du nun den Feind?

38. Wie Rauch des Feuers Glut verhüllt,
     Wie Staub des Spiegels Leuchten trübt,
     Wie Mutterleib das Kind umfängt,
     Umhüllt ihr Nebelreich die Welt.

39. Die Einsicht trübt die Gier zuerst,
     Die, jedes Wahrheitssuchers Feind,
     Gleichwie ein unersättlich Feu'r
     In tausend Formen ihm sich naht,

40. Ihm Sinne und Verstand verwirrt
     Und das Gemüt, das ihr verfällt,
     Bis er, der Sucher, nicht mehr sieht,
     Daß er des Haftens Sklave ward ...

41. Drum zähme Du von Anfang an
    Der Sinne Schar, o Ardjuna;
    Bewach Dein Herz, vom Haften laß,
    Das Einsicht und Erkenntnis trübt!

42. Gewaltig ist der Sinne Macht,
    Gewalt'ger noch als sie das Herz,
    Mächt'ger als dieses die Vernunft,
    Am mächtigsten das ew'ge Selbst.

43. Hast seine Macht Du voll erkannt,
    Dann stärk am ew'gen Selbst Dich
    selbst
    Und töt' den vielgestalt'gen Feind,
    Die Gier, die Haftenssucht, o Held!

„Bhagavad Gita –
Das Hohe Lied der Tat",
bearbeitet und herausgegeben
von K.O. Schmidt

Die Lehre des Karma-Yoga

Das Ergebnis, zu welchem ich bei meinen Bemühungen um die Feststellung der Lehren der Gîtâ gelangt bin, ist, daß die Gîtâ dafür eintritt, daß in dieser Welt gehandelt werden soll, auch wenn der Handelnde bereits die Vereinigung mit der höchsten Gottheit durch Jnâna (Wissen) oder Bhakti (Gottergebenheit) erreicht hat. Dieses Handeln muß vollbracht werden, um den Fortgang der Entwicklung auf dem rechten Pfade zu ermöglichen, dem der Schöpfer der Welt zu folgen vorgeschrieben hat. Damit dieses Tun nicht den Täter (karmisch) bindet, muß es in dem Bestreben geschehen, dem göttlichen Zweck zu dienen, und frei zu sein von jeder Verhaftung an den möglichen Erfolg. Dieses ist meiner Ansicht nach die Absicht der

Gandhi und seine Frau Kasturbai.

Gîtâ. Jnâna-Yoga und Bhakti-Yoga werden beide gewiß gelehrt, das wird niemand bestreiten. Beide sind aber dem Karma-Yoga untergeordnet. Wenn die Gîtâ dem verzweifelten Ardjuna verkündet wurde, um ihm zum Kampfe – also zur Aktivität – zu veranlassen, wie läßt sich dann die Meinung vertreten, daß das letzte Wort des großen Buches Bhakti oder Jnâna allein sei? Tatsächlich erscheinen vielmehr in der Gîtâ alle drei Arten von Yoga zu einer Einheit verbunden. So wie die Luft nicht nur aus Sauerstoff oder Wasserstoff oder anderen Gasen allein besteht, sondern diese insgesamt in einem gewissen Verhältnis zueinander stehen müssen, so sind auch in der Gîtâ alle drei Yogas miteinander verschmolzen.

Ich weiche von fast allen Kommentatoren der Gîtâ ab, wenn ich sage, daß die Gîtâ die Tat anbefiehlt, auch dann noch, wenn Jnâna und Bhakti verwirklicht worden sind und Gott durch diese Mittel erreicht worden ist. Denn es besteht eine grundlegende Einheit von Gott, Welt und Mensch. Die Welt existiert, weil Gott es so gewollt hat. Es ist Gottes Wille, der sie zusammenhält. Der Mensch strebt nach der Vereinigung mit Gott, und wenn diese Vereinigung erlangt ist, geht das Einzelwesen in dem machtvollen universalen Willen auf. Darf das Individuum dann sagen: „Ich werde nicht mehr handeln und der Welt nicht mehr helfen"? Krishna selbst sagt, es gebe nichts in den drei Welten, das er noch zu erlangen hätte, und dennoch handelt er. Er handelt, weil, wenn er es nicht täte, die Welt der Zerstörung anheimfiele. Wenn der Mensch nach der Einheit mit Gott strebt, muß er notwendigerweise auch die Einheit mit dem Welt-Interesse zu verwirklichen suchen und für das Wohl der Welt arbeiten. Tut er dies nicht, dann ist die Einheit nicht vollkommen, denn dann besteht nur eine Einheit zwischen Gott und Mensch; das dritte Element, die Welt, aber bleibt unberücksichtigt. Ich habe in dieser Weise die Frage für mich selbst gelöst. Ich glaube, daß der Dienst an der Welt und damit der Dienst am Willen Gottes der sicherste Weg zum Heil ist. Und dieser Weg wird beschritten, indem man in der Welt bleibt, und nicht, indem man ihr den Rücken wendet.

Der Karma-Yoga, den ich verkünde, ist keine neue Theorie, noch ist das Gesetz des Handelns erst in unserer Zeit gemacht worden. Der Karma-Yoga ist ein heiliges Vermächtnis aus unvordenklichen Zeiten des Glanzes. Der Karma-Yoga, das Pflichtgefühl, ist eine Vereinigung von allem, was gut ist an geistiger Erkenntnis, aktivem Handeln und selbstlosem meditativem Leben. Die Anpassung an dieses universelle Gesetz führt zur Verwirklichung der höchsten Ideale der Menschheit. Das war die Lehre unserer Altvorderen; nie glaubten sie, daß das Ziel des Lebens allein in der Meditation bestehen solle. Niemand darf erwarten, daß die Vorsehung den beschützt, der mit gekreuzten Armen untätig dasitzt und die Last des Tuns anderen überläßt. Gott hilft nicht dem Untätigen. Ihr müßt alles tun, was ihr könnt, um euch in die Höhe zu bringen, und erst dann könnt ihr darauf vertrauen, daß der Allmächtige euch hilft. Ihr dürft aber nicht glauben, daß ihr euch plagen müßt, um

selbst die Früchte dieser Arbeit zu ern-
ten. Das kann vielfach nicht der Fall
sein. Wir wollen unser möglichstes
tun und es kommenden Geschlech-
tern überlassen, die Früchte unserer
Tätigkeit zu genießen. Bedenkt,
ihr habt auch nicht die Mango-Bäume
gepflanzt, deren Früchte ihr kostet.
Darum dürfen wir in unseren An-
strengungen nicht erlahmen, damit
wir uns nicht dem Vorwurf derer aus-
setzen, die nach uns kommen. Die
Tat muß unser Leitstern sein, die
wohldurchdachte, selbstlose Tat. Der
Karma-Yoga verlangt, daß eure
Motive nicht befleckt werden von
selbstischem Interesse und Leidenschaft. Dies ist die wahre Anschauung
des praktischen Vedânta.

Bal Gangâdhar Tilak.
Hrsg.: Helmuth von Glasenapp:
„Indische Geisteswelt"

*Wesentlich wurde Gandhi durch sein
Elternhaus geprägt – die ersten Kapitel
seiner Autobiographie geben hierüber
reichlich Auskunft.*

Mahatma Gandhi über seine Eltern

Mein Vater hatte nie den Ehrgeiz,
Reichtümer zu sammeln. Er hinter-
ließ uns nur ein kleines Erbe.

Er besaß keine Bildung außer der
durch Erfahrung. Allenfalls könnte
man sagen, er habe den Ansprüchen
der 5. Klasse des Gujarati-Standards
genügt. Von Geschichte und Geo-
graphie wußte er nichts. Doch seine
reiche Erfahrung in praktischen
Dingen kam ihm zustatten bei der
Lösung der verwickeltsten Fragen und
bei der Leitung von Hunderten von
Menschen. An religiöser Bildung
besaß er sehr wenig, doch hatte er
jene Art religiöser Kultur, die häufiger Tempelbesuch und das Anhören
religiöser Vorträge vielen Hindus
zugänglich macht. In seinen letzten
Tagen begann er auf Drängen eines
der Familie befreundeten Brahmanen,
die Gita zu lesen, und er pflegte täglich zur Zeit des Gottesdienstes einige
Verse laut zu wiederholen.

Der Haupteindruck, den meine
Mutter in meinem Gedächtnis hinterlassen hat, ist der von Heiligkeit. Sie
war tiefreligiös. Nie wäre es ihr einge-
fallen, ihre Mahlzeit ohne die täglichen Gebete einzunehmen. Haveli –
den Vaishnava-Tempel – zu besuchen,
gehörte zu ihren täglichen Pflichten.
So weit mein Gedächtnis zurückreicht,
kann ich mich nicht entsinnen, daß
sie je Chaturmas versäumt hätte. Sie
konnte die härtesten Gelübde auf sich
nehmen und halten, ohne zu wanken.

Krankheit war keine Entschuldigung, darin lax zu werden. Ich kann mich erinnern, daß sie einst erkrankte, während sie das Chandrayana-Gelübde hielt, aber sie gestattete der Krankheit nicht, dessen Befolgung zu unterbrechen. Zwei oder drei Fasten hintereinander einzuhalten, machte ihr nichts aus. Während des Chaturmas von einer Mahlzeit am Tag zu leben, war eine ihrer Gewohnheiten. Nicht genug damit, fastete sie während eines Chaturmas jeden zweiten Tag gänzlich. Während eines anderen Chaturmas tat sie das Gelübde, keine Nahrung zu sich zu nehmen, solange sie nicht die Sonne sähe. Wir Kinder standen in jenen Tagen und blickten zum Himmel empor, darauf wartend, unserer Mutter das Erscheinen der Sonne zu melden. Jeder weiß, daß in der Mitte der Regenzeit die Sonne oft ihr Antlitz nicht zu zeigen geruht. Und ich erinnere mich an Tage, wo wir, wenn sie plötzlich erschien, zur Mutter hineinstürzten, um ihr das anzuzeigen. Sie eilte dann hinaus, um mit eigenen Augen nachzusehen, aber inzwischen war die flüchtige Sonne schon wieder verschwunden, sie so ihrer Mahlzeit beraubend. „Das macht nichts", sagte sie heiter, „Gott will nicht, daß ich heute esse." Und dann kehrte sie zu ihrem Pflichtenkreis zurück.

Gandhi bei einem rituellen Bad.

Ein traumatisches Erlebnis

Die schreckliche Nacht kam. Mein Onkel war damals in Rajkot. Ich erinnere mich dunkel, daß er nach Rajkot kam, nachdem man ihn benachrichtigt hatte, daß es meinem Vater schlechtergehe. Die Brüder hingen sehr aneinander. Mein Onkel saß den ganzen Tag an Vaters Bett und bestand darauf, daneben zu schlafen, nachdem er uns alle schlafen geschickt hatte. Niemand hatte es sich träumen lassen, daß dies die verhängnisvolle Nacht werden sollte. Die Gefahr dazu bestand natürlich.

Es war abends halb elf oder elf Uhr. Ich verrichtete die Massage. Mein Onkel erbot sich, mich abzulösen. Ich war froh darüber und ging direkt ins Schlafzimmer. Meine Frau, das arme Ding, war fest eingeschlafen. Doch wie durfte sie schlafen, wenn ich da war? Ich weckte sie auf. Nach fünf oder sechs Minuten jedoch klopfte der Diener an die Tür. Ich fuhr hoch. „Steh auf", sagte er, „Vater geht es sehr schlecht." Natürlich wußte ich, daß es ihm sehr schlechtging, daher ahnte ich, was „sehr schlecht" in diesem Augenblick bedeutete. Ich sprang aus dem Bett.

„Was ist los? Sprich!" – „Vater lebt nicht mehr."

So war alles zu Ende. Ich konnte nur die Hände ringen. Ich empfand tiefe Scham und Elend. Ich stürzte in Vaters Zimmer. Ich sah ein, daß ich, hätte mich nicht tierische Lust blind gemacht, meinem Vater in seinen letzten Augenblicken die Qual der Trennung hätte ersparen müssen. Ich hätte ihn weiter massieren sollen, dann wäre er in meinen Armen gestorben.

Aber nun war es mein Onkel, der dieses Vorrecht gehabt hatte. Er war seinem älteren Bruder so ergeben, daß er die Ehre verdient hatte, ihm den letzten Liebesdienst zu erweisen. Mein Vater hatte Vorahnungen des Kommenden gehabt. Er hatte nach Feder und Papier verlangt und geschrieben: „Triff Vorbereitungen für die Totenfeier!" Dann hatte er sich das Amulett von seinem Arm und auch seine goldene Halskette mit Tulasi-Perlen abgenommen und sie weggeworfen. Einen Augenblick später war er nicht mehr.

Die Schande, auf die ich in einem früheren Kapitel verwiesen habe, war diese Schande meiner fleischlichen Lust selbst in der kritischen Stunde von meines Vaters Tod, die wachsamen Dienst verlangte. Das ist ein Schandfleck, den ich nie zu tilgen oder zu vergessen vermochte, und ich habe immer gedacht, daß meine Hingabe an meine Eltern, obwohl sie keine Grenzen kannte und ich dafür alles aufgegeben hätte, gewogen und unverzeihlich zu leicht befunden wurde, weil mein Geist gerade in diesem Augenblick in der Gewalt der Wollust war. Ich habe mich daher stets für einen Wollüstling statt für einen Ehemann gehalten. Es brauchte lange Zeit, bis ich von den Fesseln der Wollust loskam, und ich mußte manche Prüfung durchmachen, ehe ich sie überwinden konnte.

M. K. Gandhi:
„Eine Autobiographie oder
Die Geschichte meiner Experimente
mit der Wahrheit"

Gandhis Begegnung mit westlichen Sozialreformern: H. D. Thoreau – Leo Tolstoj – John Ruskin

Gandhis Studium der Rechtswissenschaften in London brachte ihn in Berührung mit den großen politisch-sozialethischen Reformern. Über sein im Jahr 1909 erschienenes Buch „Hind Swaraj" sagt er später: „Wenn ich die Ideen, die ich in ‚Hind Swaraj' ausführte, vertrete, so tue ich nichts anderes, als daß ich mich bemühe, Tolstoj, Ruskin, Thoreau, Emerson und anderen Schriftstellern zu folgen, neben den Meistern der indischen Philosophie. Tolstoj war viele Jahre mein Lehrer ... "

Henry David Thoreau.

Henry David Thoreau (1817–1862), ein amerikanischer Philosoph aus dem Kreis um Ralph Waldo Emerson, war ein radikaler Nonkonformist und Individualist. Daß er jedoch seine Theorien nicht nur in politischen Streitschriften (die bedeutendste darunter ist wohl der 1849 entstandene Essay „Über die Pflicht zum Ungehorsam gegen den Staat") vertrat, sondern auch aktiv danach handelte, zeigte sich, als er wegen Steuerverweigerung ins Gefängnis eingeliefert wurde.

Über die Pflicht zum Ungehorsam gegen den Staat

Ich habe mir den Wahlspruch zu eigen gemacht: „Die beste Regierung ist die, welche am wenigsten regiert"; und ich sähe gerne, wenn schneller und gründlicher nach ihm gehandelt würde. Wenn er verwirklicht wird, dann läuft es auf dies hinaus – und daran glaube ich auch: „Die beste Regierung ist die, welche gar nicht regiert"; und wenn die Menschen einmal reif dafür sein werden, wird dies die Form ihrer Regierung sein. Eine Regierung ist bestenfalls ein nützliches Instrument; aber die meisten Regierungen sind immer – und alle sind manchmal – unnütz. Die Einwände, die man gegen ein stehendes Heer vorgebracht hat – und davon gibt es viele und gewichtige, die sich durchsetzen sollten –, können letztlich auch gegen eine ständige Regierung erhoben werden. Das stehende Heer ist doch nur ein Arm der ständigen Regierung. Diese Regierung aber, die nichts weiter als die Form ist, welche das Volk zur Ausführung seines Willens gewählt hat, kann leicht mißbraucht und verdorben werden, bevor das Volk Einfluß darauf nehmen kann. Der Krieg in Mexiko beweist es, das Werk einer vergleichsweise geringen Zahl von einzelnen, welche die ständige Regierung als ihr Werkzeug benutzt: das Volk hätte dieser Maßnahme von vornherein nicht zugestimmt.

Der praktische Grund, warum die Mehrheit regieren und für längere Zeit an der Regierung bleiben darf, wenn das Volk die Macht hat, ist schließlich nicht, daß die Mehrheit das Recht auf ihrer Seite hat, auch nicht, daß es der Minderheit gegenüber fair ist, sondern ganz einfach, daß sie physisch am stärksten ist. Aber eine Regierung, in der die Mehrheit in jedem Fall den Ausschlag gibt, kann nicht auf Gerechtigkeit gegründet sein, nicht einmal soweit

Menschen die Gerechtigkeit verstehen. Könnte es nicht eine Regierung geben, in der nicht die Mehrheit über Falsch und Richtig befindet, sondern das Gewissen? – in der die Mehrheit nur solche Fragen entscheidet, für die das Gebot der Nützlichkeit gilt? Muß der Bürger auch nur einen Augenblick, auch nur ein wenig, sein Gewissen dem Gesetzgeber überlassen? Wozu hat dann denn jeder Mensch ein Gewissen? Ich finde, wir sollten erst Menschen sein, und danach Untertanen. Man sollte nicht den Respekt vor dem Gesetz pflegen, sondern vor der Gerechtigkeit. Nur eine einzige Verpflichtung bin ich berechtigt einzugehen, und das ist, jederzeit zu tun, was mir recht erscheint. Man sagt, daß vereinte Masse kein Gewissen hat – und das ist wahr genug; gewissenhafte Menschen aber verbinden sich zu einer Vereinigung mit Gewissen. Das Gesetz hat die Menschen nicht um ein Jota gerechter gemacht; gerade durch ihren Respekt vor ihm werden auch die Wohlgesinnten jeden Tag zu Handlangern des Unrechts.

Es gibt ungerechte Gesetze: sollen wir ihnen befriedigt gehorchen, oder sollen wir es auf uns nehmen, sie zu bessern, und ihnen nur so lange gehorchen, bis wir das erreicht haben, oder sollen wir sie vielleicht sofort übertreten? Die Leute glauben im allgemeinen, unter einer Regierung, wie wir sie jetzt haben, sollten sie warten, bis sie die Mehrheit zu den Änderungen überredet haben. Wenn sie Widerstand leisteten, so glauben sie, wäre die Kur schlimmer als die Krankheit. Aber es ist die Regierung, die allein schuld hat, daß die Kur schlimmer als die Krankheit ist. Sie macht sie schlimmer. Warum tut sie nicht mehr dafür, Reformen vorzusehen und einzuleiten? Warum achtet sie nicht auf ihre verständige Minderheit? Warum muß sie lärmen und sich sträuben, bevor sie noch Schaden gelitten hat? Warum ermutigt sie die Bürger nicht, wachsam zu sein und ihre Fehler anzuzeigen und ihr damit Besseres zu tun, als an ihnen getan wurde? Warum wird Christus immer aufs neue gekreuzigt, Kopernikus und Luther exkommuniziert und Washington und Franklin noch immer zu Rebellen erklärt?

Es scheint, daß eine bewußte und aktive Verleugnung ihrer Staatsgewalt der einzige Angriff ist, auf den die Regierung nicht gefaßt war; oder warum hat sie dafür keine angemessene Strafe eingeführt? Wenn jemand, der nichts besitzt, sich nur einmal weigert, für den Staat neun Schillinge zu verdienen, steckt man ihn dafür für eine Zeit ins Gefängnis, die durch kein mir bekanntes Gesetz befristet und nur nach dem Ermessen derer begrenzt wird, die ihn da hineingebracht haben; hätte er aber neunzigmal neun Schillinge vom Staat gestohlen, dann wäre er bald wieder freigelassen.

Wenn die Ungerechtigkeit nur eine unvermeidliche Folge der Trägheit der Regierungsmaschine ist, dann laß es in Gottes Namen dabei: irgendwann wird sich das einlaufen – auf jeden Fall wird sich die Maschine ausleiern. Wenn die Ungerechtigkeit einen Ursprung hat, ein Zahnrad oder einen Übertragungsriemen oder eine Kurbel, wovon sie ausschließlich herstammt, dann kannst du vielleicht erwägen, ob die Kur vielleicht schlimmer wäre als das Übel; wenn aber das Gesetz so beschaffen ist, daß es notwendigerweise aus dir den Arm des Unrechts an einem anderen macht, dann, sage ich, brich das Gesetz. Mach dein Leben zu einem Gegengewicht, um die Maschine aufzuhalten. Jedenfalls muß ich zusehen, daß ich mich nicht zu dem Unrecht hergebe, das ich verdamme.

Wer sich ganz seinen Mitmenschen hingibt, erscheint ihnen nutzlos und eigensüchtig; wer sich aber nur zum Teil gibt, wird zum Wohltäter und Menschenfreund erklärt.

Wie also soll man sich heutzutage zu dieser amerikanischen Regierung verhalten? Ich antworte, daß man sich nicht ohne Schande mit ihr einlassen kann. Nicht für einen Augenblick kann ich eine politische Organisation als meine Regierung anerkennen, die zugleich auch die Regierung von Sklaven ist.

Unter einer Regierung, die irgend jemanden unrechtmäßig einsperrt, ist das Gefängnis der angemessene Platz für einen gerechten Menschen. Der rechte Platz, der einzige, den Massachusetts seinen freieren und weniger kleinmütigen Geistern anzubieten hat, ist eben das Gefängnis, wo sie von Staates wegen ausgesetzt und ausgeschlossen werden, nachdem sie sich durch ihre Grundsätze schon selbst ausgeschlossen haben. Der entflohene Sklave, der mexikanische Kriegsgefangene auf Parole und der Indianer mit seinen Anklagen gegen das Unrecht, das man seiner Rasse zugefügt:

nur hier sollen sie ihn finden, im Gefängnis; auf diesem abgeschiedenen, aber freieren und ehrbareren Boden, wo der Staat jene hinbringt, die nicht mit ihm, sondern gegen ihn sind: es ist das einzige Haus in einem Sklavenstaat, das ein freier Mann in Ehren bewohnen kann. Vielleicht glauben manche, daß sie dort ihren Einfluß verlieren, daß ihre Stimme das Ohr des Staates nicht mehr erreicht, sie glauben, daß ihre Feindschaft innerhalb dieser Mauern unwirksam wäre – aber sie wissen nicht, um wieviel die Wahrheit stärker ist als der Irrtum und wieviel ausdrucksvoller und wirksamer sie die Ungerechtigkeit bekämpfen können, wenn sie sie nur ein bißchen an sich selbst erfahren haben. Lege in deine Stimme das ganze Gewicht, wirf nicht nur einen Papierzettel, sondern deinen ganzen Einfluß in die Waagschale. Eine Minderheit ist machtlos, wenn sie sich der Mehrheit anpaßt; sie ist dann noch nicht einmal eine Minderheit; unwiderstehlich aber ist sie, wenn sie ihr ganzes Gewicht einsetzt. Vor der Wahl, ob er alle anständigen Menschen im Gefängnis halten oder Krieg und Sklaverei aufgeben soll, wird der Staat mit seiner Antwort nicht zögern. Wenn tausend Menschen dieses Jahr keine Steuern zahlen würden, so wäre das keine brutale und blutige Maßnahme – das wäre es nur, wenn sie sie zahlten und damit dem Staat erlaubten, Brutalitäten zu begehen und Blut zu vergießen. Das erstere ist, was wir unter einer friedlichen Revolution verstehen – soweit sie möglich ist. Wenn nun aber – wie es geschehen ist –

Gandhi am Webstuhl.

der Steuereinnehmer oder irgendein anderer Beamter mich fragt: „Was soll ich aber jetzt tun?", so ist meine Antwort: „Wenn du wirklich etwas tun willst, dann gib dein Amt auf." Wenn einmal der Untertan den Gehorsam verweigert und der Beamte sein Amt niedergelegt hat, dann hat die Revolution ihr Ziel erreicht. Doch nehmt ruhig an, daß dabei auch Blut vergossen werden müßte. Wird denn nicht gewissermaßen Blut vergossen, wenn das Gewissen verletzt ist? Durch diese Wunde fließt das wahre Menschentum eines Mannes und seine Unsterblichkeit, und er verblutet zu immerwährendem Tod. Heute sehe ich dieses Blut fließen.

Ich habe sechs Jahre keine Wahlsteuer gezahlt. Einmal wurde ich deshalb für eine Nacht ins Gefängnis gesteckt. Wie ich da stand und mir die massiven Steinmauern betrachtete, die zwei oder drei Fuß dick waren, die Türen aus Holz und Eisen – einen Fuß dick – und das Eisengitter, welches das Licht siebte, kam mir die ganze Dummheit dieser Institution zum Bewußtsein, die mich so behandelte, als wäre ich nicht mehr als Fleisch, Blut und Knochen, was man einschließen kann. Ich fragte mich, ob sie nun zu dem Schluß gekommen war, dieses sei der beste Zweck, dem ich zugeführt werden könnte, und ob sie nie daran gedacht hätte, sich meiner guten Dienste zu versichern. Ich sah: wenn zwischen mir und meinen Mitbürgern auch eine Mauer war, so gab es doch eine, die noch schwerer zu überklettern und zu durchbrechen ist, wenn man so frei sein will, wie ich es war. Nicht einen Augenblick lang

fühlte ich mich beengt, und diese Mauern schienen mir eine große Verschwendung von Stein und Mörtel. Mir kam es vor, als hätte ich als einziger unter meinen Mitbürgern die Steuer gezahlt. Ganz offensichtlich wußten sie nicht, wie sie mich behandeln sollten, sie benahmen sich wie schlecht erzogene Leute. In jeder ihrer Drohungen und in jeder ihrer Höflichkeiten steckte ein dummes Mißverständnis; sie dachten nämlich, mein größter Wunsch sei, auf der anderen Seite dieser Mauern zu stehen. Ich mußte lächeln, wenn ich zusah, wie emsig sie die Tür vor meinen Betrachtungen abschlossen, welche dann ohne Mühe und Widerstand hinter ihnen hinausgingen – und sie waren doch in Wirklichkeit die eigentliche Gefahr! Da sie mich nicht fassen konnten, beschlossen sie, meinen Körper zu bestrafen; wie kleine Jungen, die, weil sie eine Wut auf jemanden haben, aber nicht an ihn herankönnen, dessen Hund mißhandeln. Ich sah, daß der Staat einfältig ist, ängstlich wie eine alte Jungfer mit ihren silbernen Löffeln, daß er seine Freunde nicht von den Feinden unterscheiden kann, und ich verlor die geringe Achtung vor ihm, die noch übrig war, und bedauerte ihn.

Die rechtmäßige Regierungsgewalt, auch von der Art, welcher ich mich gerne unterwerfe – denn ich gehorche leichten Herzens denen, die mehr wissen und besser handeln als ich, und in vielen Stücken auch denen, die nicht einmal mehr wissen und besser handeln –, diese Regierungsgewalt ist immer unvollständig: um nämlich unbedingt gerecht zu sein, muß sie Vollmacht und Zustimmung der Regierten haben. Sie kann kein umfassendes Recht über mich und mein Eigentum haben, sondern nur so weit, wie ich zustimme. Der Fortschritt von einer absoluten zu einer beschränkten Monarchie, von einer beschränkten Monarchie zur Demokratie, ist ein Fortschritt in Richtung auf wahre Achtung vor dem Individuum. Sogar der chinesische Philosoph war weise genug, das Individuum als die Grundlage des Reiches anzusehen. Ist die Demokratie, wie wir sie kennen, wirklich die letztmögliche Verbesserung im Regieren? Ist es nicht möglich, noch einen Schritt weiter zu gehen bei der Anerkennung und Kodifizierung der Menschenrechte? Nie wird es einen wirklich freien und aufgeklärten Staat geben, solange sich der Staat nicht bequemt, das Individuum als größere und unabhängige Macht anzuerkennen, von welcher all seine Macht und Gewalt sich ableiten, und solange er den Einzelmenschen nicht entsprechend behandelt. Ich mache mir das Vergnügen, mir einen Staat vorzustellen, der es sich leisten kann, zu allen Menschen gerecht zu sein, und der das Individuum achtungsvoll als Nachbarn behandelt; einen Staat, der es nicht für unvereinbar mit seiner Stellung hielte, wenn einige ihm fernblieben, sich nicht mit ihm einließen und nicht von ihm einbezogen würden, solange sie nur alle nachbarlichen, mitmenschlichen Pflichten erfüllten. Ein Staat, der solche Früchte trüge, und sie fallen ließe, sobald sie reif sind, würde den Weg für einen vollkommeneren und noch ruhmreicheren Staat freigeben –

einen Staat, den ich mir auch vorstellen kann, den ich bisher aber noch nirgends gesehen habe.

Henry David Thoreau:
„Über die Pflicht zum Ungehorsam gegen den Staat"

Leo Nikolaevič Tolstoj (1828–1910) war für Gandhi wohl der wichtigste westliche Denker, an dem er sich orientierte. Mit welcher Sympathie Tolstoj auch Gandhi begegnete, belegen die im folgenden sämtlich abgedruckten Briefe des Dichters an den Inder.

Transvaal

An Gandhi

Soeben habe ich Ihr sehr interessantes Schreiben erhalten, das mir große Freude bereitete. Gott helfe unsern teuren Brüdern und Mitarbeitern in Transvaal. Dieser Kampf der Milde mit Roheit, der Demut und Liebe mit Hochmut und Vergewaltigung macht sich auch hier unter uns immer stärker fühlbar, besonders in scharfen Zusammenstößen des religiösen Pflichtgefühls mit den Staatsgesetzen – infolge der Weigerung, Militärdienst zu tun. Solche Weigerungen kommen immer häufiger und häufiger vor.

Den Brief *An einen Inder* habe ich geschrieben, und die Übersetzung hat mich durchaus zufriedengestellt. Den Titel des Buches über Krishna wird man Ihnen aus Moskau mitteilen. Was die „Wiedergeburten" anlangt, würde ich für mein Teil nichts weglassen, da, wie mir scheint, der Glaube an die Wiedergeburt nie so fest Fuß fassen können wird, wie der an die Unsterblichkeit der Seele und die göttliche Wahrheit und Liebe. Doch gebe ich es Ihnen anheim, die Stelle auszulassen, wenn Sie es wünschen. Ihre Ausgabe zu fördern, würde mich sehr freuen. Die Übersetzung und Verbreitung meines Schreibens in indischer Sprache kann mir nur angenehm sein.

Die Frage nach Entschädigung, d.h. nach Entlohnung durch Geld, sollte in Verbindung mit einer religiösen Angelegenheit gar nicht auftauchen dürfen, meine ich.

Ich grüße Sie brüderlich und freue mich, in Verbindung mit Ihnen getreten zu sein.

Leo Tolstoj

M. K. Gandhi, Rechtsanwalt
21 – 24 Gerichtskammer, Corner R ...
and Anderson Streets, Tel. Nr. 16 35.
Postfach 65 22. Telegrammadr.:
„Gandhi", A.B.C., Tel. cod., 5. Aufl.
Transvaal, Südafrika.
Johannesburg, 4. April 10.

An den Grafen Leo Tolstoj

Dear Sir
Sie werden sich erinnern, daß ich Ihnen von London aus, wo ich mich vorübergehend aufhielt, geschrieben habe. Als Ihr ergebenster Anhänger sende ich Ihnen mit diesem Brief ein Büchlein, das ich verfaßt habe. Ich habe darin meine eigene Schrift aus der Sprache Gujarati übertragen. Bemerkenswert ist, daß das Original von der indischen Regierung konfisziert wurde. Daher beeilte ich mich,

die Übersetzung herauszugeben. Ich fürchte, Sie zu belästigen, aber wenn es Ihre Gesundheit erlaubt und Sie Zeit finden, das Büchlein durchzusehen, so brauche ich es wohl nicht auszusprechen, wie sehr ich Ihre Kritik schätzen würde. Ich sende Ihnen zugleich einige Exemplare Ihres *Briefes an einen Inder*, den Sie mir zu veröffentlichen gestatteten. Er wurde gleichfalls in einen indischen Dialekt übertragen.

Ihr ergebener Diener *M. K. Gandhi*

An Mahatma Gandhi
Jasnaja Poljana, 8. Mai 1910

Lieber Freund,
Soeben habe ich Ihren Brief und Ihr Buch *Indian Home Rule* erhalten. Ich habe Ihr Buch mit großem Interesse gelesen, denn ich meine, die Frage, die Sie darin behandeln, der passive Widerstand, ist eine Frage von größter Wichtigkeit nicht nur für Indien, sondern für die ganze Menschheit.

Ich kann Ihren ersten Brief nicht finden, bin aber beim Suchen danach auf die Biographie Dokes gestoßen, die mich sehr fesselte und mir Gelegenheit gab, Sie besser kennenzulernen und zu verstehen.

Ich bin gegenwärtig nicht ganz wohl und versage es mir daher, Ihnen über all das zu schreiben, was ich aus Anlaß Ihres Buches auf dem Herzen habe, und über Ihre Tätigkeit überhaupt, die ich sehr schätze: Ich werde es aber tun, sobald ich mich erholt habe.

Ihr Freund und Bruder
Leo Tolstoj

An Gandhi

7. Sept. 1910, Kotschety

Ich habe Ihre Zeitschrift *Indian Opinion* erhalten und freute mich kennenzulernen, was darin über die Anhänger des Verzichtes auf alle Gegenwehr durch Gewalt geschrieben wird. Zugleich überkam mich das Verlangen, Ihnen die Gedanken auszudrücken, die durch die Lektüre in mir erweckt wurden.

Je länger ich lebe – und besonders jetzt, da ich den Tod deutlich herannahen fühle –, desto stärker drängt es mich auszusprechen, was ich vor allem andern lebhaft empfinde und was meiner Meinung nach von ungeheurer Wichtigkeit ist: es handelt sich darum, was man den Verzicht auf allen Widerstand durch Gewalt heißt, worin sich aber letzten Endes nichts anderes ausdrückt, als die durch Truggespinste noch nicht entstellte Lehre vom Gesetz der Liebe. Die Liebe, mit andern Worten, das Streben der Menschenseelen nach Vereinigung und ihr daraus sich ergebendes Verhalten untereinander, sie stellt das höchste und einzige Gesetz des Lebens dar – das weiß und fühlt ein jeder in der Tiefe seines Herzens (wie wir es am deutlichsten an den Kindern sehen); er weiß es, solange er nicht in die Lügennetze weltlichen Denkens verstrickt ist.

Dieses Gesetz ist von allen Weltweisen, den indischen sowohl wie den chinesischen und jüdischen, den griechischen und römischen, verkündet worden. Am klarsten ist es, glaube

ich, von Christus ausgesprochen, der geradezu sagte, daß darin alles Gesetz und die Propheten enthalten seien. Doch nicht genug damit, in Voraussicht der Verzerrung, die dieser Erkenntnis widerfährt und jederzeit widerfahren kann, wies er ausdrücklich auf die Gefahr einer Entstellung hin, wie sie Leuten naheliegt, die von weltlichen Interessen leben, nämlich, daß solche sich das Recht nehmen könnten, ihre Interessen mit Gewalt zu verteidigen oder, wie er es ausdrückt, Schlag mit Schlag zu vergelten, sein entwendetes Eigentum mit Gewalt zurückzuholen usw. usw. Er wußte, wie es jeder verständige Mensch wissen muß, daß jede Anwendung von Zwang unvereinbar mit der Liebe als dem höchsten Lebensgesetze ist, und daß, sobald Vergewaltigung auch nur in einem einzigen Falle als zulässig erscheint, damit zugleich dies Gesetz negiert wird. Die ganze, äußerlich so glanzvolle, christliche Zivilisation erwuchs aus diesem offenbaren und seltsamen, zum Teil absichtlichen, größtenteils aber unbewußten Mißverständnis und Widerspruch. Im Grunde aber galt das Gesetz der Liebe nicht mehr und konnte nicht mehr gelten, sowie daneben die Abwehr mittels Gewalt gestellt wurde – galt aber einmal das Gesetz der Liebe nicht, so gab es überhaupt kein Gesetz außer dem Recht des Stärkeren. So lebte die Christenheit durch neunzehn Jahrhunderte hindurch. Allerdings ließen sich die Menschen zu allen Zeiten von der Gewalt als oberstem Prinzip in ihrer Gesellschaftsordnung leiten. Der Unterschied zwischen den christlichen und allen anderen Nationen

Leo Nikolaevič Tolstoj.

bestand nur darin, daß im Christentume das Gesetz der Liebe so klar und bestimmt gegeben war wie in keiner anderen Religion und daß seine Anhänger sich feierlich dazu bekannten, trotz alledem aber Gewaltanwendung für zulässig erachteten und ihr Leben auf Vergewaltigung gründeten; daher ist das Leben der christlichen Nationen ein einziger großer Widerspruch zwischen dem, was sie bekennen, und dem, worauf sie ihr Dasein erbauen: ein Widerspruch zwischen der Liebe, die das Gesetz des Handelns vorschreiben soll, und der Vergewaltigung, die unter verschiedenen Formen anerkannt wird, als da sind: Regierungen, Gerichte und Militär, die als notwendig hingestellt und gepriesen werden. Dieser Widerspruch verschärfte sich mit der Entwicklung des geistigen Lebens der Christenheit, und er ist in der letzten Zeit zur höchsten Spannung gediehen. Die Frage steht jetzt so: Eins von beiden müssen wir wählen; entweder zugeben, daß wir überhaupt keine religiöse Sittenlehre anerkennen und uns nur vom Recht des Stärkeren in unserer Lebensführung bestimmen lassen, oder fordern, daß alles zwangsweise Erheben von Abgaben eingestellt, all unsere gerichtlichen und polizeilichen Institutionen und vor allem das Militär aufgehoben werden.

In diesem Frühjahr prüfte bei Religionsexamen an einem Töchterinstitut Moskaus zuerst der Religionslehrer und dann der gleichfalls anwesende Erzbischof die Mädchen über die Zehn Gebote und im besonderen über das fünfte. Auf das richtige Hersagen des Gebotes hin stellte der Erzbischof jeweils meist noch die Frage: Ist es immer und in allen Fällen durch das Gesetz Gottes verboten, zu töten? Und die unglücklichen, durch ihre Lehrer verdorbenen Mädchen mußten antworten und antworteten auch: Nicht immer, denn im Kriege und bei Hinrichtungen darf getötet werden. Als aber einem dieser unglücklichen Geschöpfe (was ich erzähle, ist keine Anekdote, sondern tatsächlich passiert und mir von einem Augenzeugen berichtet), als ihm die übliche Zusatzfrage gestellt wurde, ob es denn stets Sünde sei, zu töten, da ward das Mädchen rot und entgegnete erregt und entschieden: stets! Und auf all die herkömmlichen Sophismen des Erzbischofs blieb es unerschütterlich dabei: Zu töten sei unter allen Umständen untersagt, schon im Alten Testamente, Christus aber habe nicht nur zu töten verboten, sondern überhaupt dem Nächsten Übles zu tun. Der Erzbischof in all seiner Majestät und Redegewandtheit verstummte, und das Mädchen behielt den Sieg.

Ja, wir können in den Zeitungen von unsern Fortschritten in der Beherrschung der Luft schreiben, von verwickelten diplomatischen Beziehungen, von verschiedenen Klubs, von Entdeckungen, von allerhand Bündnissen, von sogenannten Kunstwerken, und wir mögen darüber hinweggehen, was jenes Mädchen entgegnete: Totschweigen können wir es doch nicht, weil es ein jeder Christenmensch fühlt, mag er es auch noch so unklar empfinden. Sozialismus, Kommunismus, Anarchismus, Heilsarmee, Zunahme von Verbrechen, Arbeitslosigkeit, die wachsende widersinnige

Üppigkeit der Reichen und die Ver-
elendung der Armen, das furchtbare
Anschwellen der Selbstmordzahlen,
all das sind Merkmale jenes inneren
Widerspruches, der gelöst werden
muß und gelöst werden wird. Und
selbstverständlich so gelöst, daß das
Gesetz der Liebe anerkannt und jede
Gewaltanwendung verworfen werden
wird. Daher steht Ihre Wirksamkeit in
Transvaal, das für uns am Ende der
Welt liegt, dennoch im Mittelpunkte
unserer Interessen und stellt die
wichtigste Bestätigung dar, an der die
Welt augenblicklich teilnehmen kann
und woran nicht nur die christlichen,
sondern alle Völker der Welt teilnehmen werden.

Ich denke, es wird Sie freuen zu
hören, daß auch bei uns in Rußland
eine solche Agitation schnell um sich
greift, daß die Weigerungen, Militärdienst zu tun, sich von Jahr zu Jahr
mehren. Wie gering auch bei Ihnen
noch die Zahl derjenigen ist, die auf
alle Gegenwehr mit Gewalt verzichten,
und bei uns die Anzahl der Leute, die
jeden Heeresdienst verweigern – die
einen wie die andern dürfen sich
sagen: Gott ist mit uns. Und Gott ist
mächtiger denn die Menschen.

In dem Bekenntnis zum Christentum, wenn auch nur zu einem derart
entstellten, wie es bei uns gelehrt
wird, und in dem Glauben zugleich
an die Notwendigkeit von Heeren
und ihrer Ausrüstung zu Schlächte-
reien allergrößten Maßstabes, darin
liegt ein solch offenbarer, himmel-
schreiender Widerspruch, daß er über
kurz oder lang, wahrscheinlich aber
sehr bald in voller Nacktheit zutage
treten muß; das aber wird entweder
die christliche Religion vernichten,

die zur Aufrechterhaltung der Staatsgewalt nicht zu entbehren ist, oder es
wird das Militär und alle damit ver-
bundene Gewaltanwendung, die der
Staat nicht weniger benötigt, hinweg-
fegen. Diesen Widerspruch empfinden alle Regierungen, Ihre britische
ebensowohl wie unsere russische, und
daher wird seine Erkenntnis von den
Regierungen aus Selbsterhaltungstrieb
energischer verfolgt als jede andere
staatsfeindliche Tätigkeit, wie wir es
in Rußland erlebt haben und wie es
aus den Aufsätzen Ihrer Zeitschrift
hervorgeht: Die Regierungen wissen,
woher ihnen die größte Gefahr droht,
und wahren mit wachsamem Auge in
dieser Hinsicht nicht mehr bloß ihre
Interessen, sondern kämpfen hier
geradezu um ihr Sein oder Nichtsein.

Mit vorzüglicher Hochachtung
Leo Tolstoj

Leo Tolstoj: *„Rede gegen den Krieg"*

*Der britische Schriftsteller, Kunstkriti-
ker und Sozialphilosoph John Ruskin
(1819–1900) erlebte selbst einen radikalen Wandel: Er wurde vom reinen
Ästhetizisten zum Vertreter einer einfachen Lebensweise und zu einem energi-
schen Befürworter sozialer und politischer Reformen. Welchen Einfluß sein
Denken auf Gandhi hatte, beschreibt
dieser in seiner Autobiographie.*

Als ich Mr. Wests Brief erhielt, brach
ich nach Natal auf. Ich hatte Mr.
Polak völlig ins Vertrauen gezogen. Er
kam zu meiner Verabschiedung zum
Bahnhof und gab mir als Reiselektüre

ein Buch mit, das, wie er sagte, ich sicherlich gernhaben würde. Es war Ruskins „Unto This Last".

Es war unmöglich, das Buch wegzulegen, nachdem ich es einmal begonnen hatte. Es fesselte mich. Von Johannesburg bis Durban war es eine Reise von vierundzwanzig Stunden. Der Zug kam abends dort an. Ich konnte in dieser Nacht keinen Schlaf finden. Ich beschloß, mein Leben nach den Idealen des Buches zu ändern.

Dies war das erste Buch Ruskins, das ich je gelesen hatte. Während meiner Schulzeit hatte ich praktisch nichts außer Leitfäden gelesen; und nachdem ich mich ins aktive Leben gestürzt hatte, behielt ich zum Lesen nur sehr wenig Zeit. Ich kann mich deshalb nicht vielen Buchwissens rühmen. Ich glaube jedoch nicht, daß ich durch diese erzwungene Beschränkung viel verloren habe. Im Gegenteil darf ich behaupten, daß gerade die eingeschränkte Lektüre mich befähigt hat, das, was ich las, mir durchaus anzueignen. Von diesen Büchern war das einzige, das auf der Stelle eine praktische Veränderung in meinem Leben hervorbrachte, „Unto This Last". Ich übersetzte es später ins Gujarati unter dem Titel Sarvodaya, „Wohlfahrt für alle".

Ich glaube, einige meiner tiefsten Überzeugungen in diesem großen Buch Ruskins wiedergefunden zu haben; und deshalb fesselte es mich so und brachte in meinem Leben eine Wandlung hervor. Dichter ist, wer das in der Menschenbrust schlummernde

John Ruskin.

Gute aufzuwecken vermag. Dichter beeinflussen nicht alle gleichermaßen, denn nicht jeder ist in gleicher Weise entwickelt.

Als Lehren von „Unto This Last" verstand ich:
1. daß das Wohl des Einzelmenschen im Wohle aller enthalten ist;
2. daß die Arbeit eines Juristen ebenso wertvoll ist wie die eines Barbiers, insofern alle den gleichen Anspruch haben, durch ihre Arbeit ihren Lebensunterhalt zu verdienen;
3. daß das Leben der Arbeit, d. h. das Leben eines Ackerbauern und eines Handwerkers, das lebenswerte Leben ist.

Die erste dieser Lehren kannte ich. Die zweite hatte ich unklar verwirklicht. Die dritte war mir noch nie vorgekommen. „Unto This Last" machte es mir klar wie der Tag, daß die zweite und dritte Lehre in der ersten enthalten waren. Ich erhob mich bei Tagesanbruch mit dem Entschluß, diese Grundsätze in die Praxis zu überführen.

Ich sprach über all dies mit Mr. West, beschrieb ihm, welche Wirkung „Unto This Last" auf mich ausgeübt habe, und machte den Vorschlag, Indian Opinion solle auf eine Farm verlegt werden, wo jeder körperliche Arbeit tun, den gleichen Betrag zum Lebensunterhalt bekommen und seine Freizeit der Druckarbeit widmen solle. Mr. West billigte den Vorschlag, und es wurde ein Monatsbetrag von £ 3 pro Kopf festgesetzt ohne Rücksicht auf Hautfarbe oder Nationalität.

M. K. Gandhi:
„Eine Autobiographie oder Die Geschichte meiner Experimente mit der Wahrheit"

Gandhis politische Vorstellungen

Den Politiker Gandhi zu betrachten, erschöpft sich nicht in seinen Gedanken zur Befreiung Indiens. Für ihn ist eine friedliche Weltordnung erst die Folge eines geregelten sozialen Zusammenlebens, in dem jedes Individuum anerkannt und als vollwertig angesehen wird. Aus der Gemeinschaft weniger Individuen gehen Dörfer, aus der Gemeinschaft von Dörfern Gemeinwesen und aus der Gemeinschaft dieser Gemeinwesen Staaten und schließlich eine Welt der respektvollen Koexistenz hervor. Damit erstrecken sich Gandhis Stellungnahmen zur Politik auch in die Bereiche des Zusammenlebens der einzelnen.

Gandhis politische Aktionsform: Satyagraha oder Der gewaltlose Widerstand gegen das Böse

Unter Gewaltlosigkeit oder Satyagraha verstand Gandhi nicht bloß einen passiven Widerstand, sondern einen vollwertigen Ersatz für den bewaffneten Widerstand, sozusagen die „ultima ratio" der Politik. Die Kampfmethoden der Gewaltlosigkeit wie etwa ziviler Ungehorsam, Streik, Boykott und Nicht-Zusammenarbeit kommen erst dann zur Anwendung, wenn zuvor alle Wege der legalen und friedlichen Konfliktlösung versucht worden sind und zu keinem Ergebnis geführt haben. Im Gegensatz zum marxistisch-leninistischen Revolutionsverständnis will der gewaltfreie Widerstand in Gandhis Sinn keine Konfrontation feindlicher Bevölkerungsgruppen herbeiführen. Er will vielmehr den Gegner durch freiwilliges Leiden moralisch läutern und zum Bundesgenossen gewinnen. Feinde sollen zu Freunden bekehrt, feindliche Antithesen in die Synthese der Versöhnung aufgelöst werden. Die folgenden Ausführungen Gandhis zum Thema der Satyagraha sind größtenteils seinen Artikeln in den Zeitschriften „Young India" und „Harijan" entnommen.

1. Der Becher der Liebe

Nachdem ich das Schwert beiseite geworfen habe, bleibt mir nichts mehr, als meinem Feinde den Becher der Liebe darzubieten. Durch das Angebot dieses Bechers will ich ihn zu mir herüberziehen.

(Young India, 2.4.31)

Gandhi als Satyagrahi.

Mein Ziel ist Freundschaft mit der ganzen Welt, und mit der größten Liebe kann ich den stärksten Widerstand gegen das Unrecht verbinden.
(Young India, 10.3.20)

Gewaltlosigkeit bedeutet nicht Verzicht auf allen wirksamen Kampf gegen die Bosheit. Im Gegenteil, der gewaltlose Kampf gegen das Böse, wie ich ihn meine, ist wirkungsvoller und echter als Wiedervergeltung, die ja ihrer Natur nach das Böse nur noch vermehrt. Ich denke an eine geistige und darum moralische Opposition gegen unsittliches Verhalten. Ich trachte danach, die Schneide am Schwert des Tyrannen völlig stumpf zu machen, nicht dadurch, daß ich ein schärferes Schwert dagegen setze, sondern daß ich seine Hoffnung auf

meinen physischen Widerstand enttäusche. Der seelische Widerstand, den ich leiste, vereitelt die Absicht des Feindes. Ich verwirre ihn zunächst und nötige ihm schließlich Anerkennung ab, eine Anerkennung, die ihn nicht demütigt, sondern erhöht.
(Young India, 8.10.25)

2. Satyagraha
Bei Satyagraha besteht nicht im entferntesten die Absicht, dem Gegner Unrecht zu tun. Satyagraha fordert, durch eigenes Leiden den Gegner zu überwinden.
(Sabarmati, Bericht über die Versammlung der Federation of International Fellowships in Sabarmati, 13.–15. Jan. 1928)

Das härteste Herz und die gröbste Unwissenheit müssen zurückweichen vor der aufgehenden Sonne eines Leidens, das ohne Zorn und Arglist ist.
(Young India, 19.2.25)

Gewaltlosigkeit als dynamische Forderung bedeutet bewußt getragenes Leiden. Sie bedeutet nicht sanftmütige Unterwerfung unter den Willen des Übeltäters. Sie bedeutet, daß wir die Kraft unserer ganzen Seele dem Tyrannenwillen entgegenstellen. Unter diesem Gesetz, das eigentlich unser Daseinsgesetz ist, vermag ein einzelner Mensch der ganzen Macht eines ungerecht handelnden Weltreiches zu trotzen, um seine Ehre, seinen Glauben, seine Seele zu retten und den Grund zu legen für den Sturz dieses Reiches oder aber für dessen moralische Erneuerung.
(Young India, 11.8.20)

Der Weg des Satyagrahis ist eindeutig. Unbewegt muß er stehen, inmitten aller widerwärtigen Strömungen. Angesichts blinder Rechtgläubigkeit darf er die Geduld nicht verlieren, noch darf er sich über mangelnde Zuversicht beim unterdrückten Volk ärgern. Er muß wissen, daß sein Leiden das steinerne Herz des härtesten Fanatikers erweichen wird. Er muß wissen, daß die Hilfe kommen wird, wenn die Hoffnung am geringsten ist. Denn so handelt der grausam-gütige Gott: Er läßt den Gläubigen durch den feurigen Ofen der Prüfungen hindurchgehen und findet Gefallen daran, ihn im Staube zu demütigen.
(Young India, 4.6.25)

3. Kein Platz für Feigheit

Mein Glaube an die Gewaltlosigkeit verpflichtet zu äußerster Aktivität. Er läßt keinen Raum für Feigheit oder gar Schwäche. Bei dem Gewalttätigen besteht immer noch die Hoffnung, daß er eines Tages gewaltlos wird, bei dem Feigling aber nicht. Ich habe darum mehr als einmal in diesen Spalten gesagt, daß wir als Männer fähig sein müssen, uns, unsere Frauen und heiligen Stätten wenigstens im Kampf zu verteidigen, wenn wir es schon nicht fertigbringen, sie durch die Kraft des Leidens zu schützen.
(Young India, 16.6.27)

Es gibt zwei Möglichkeiten, sich zu verteidigen. Die beste und wirksamste besteht darin, auf jede Verteidigung zu verzichten, dabei aber auf seinem Posten auszuharren und jede Gefahr in Kauf zu nehmen. Die nächstbeste, aber ebenso ehrenvolle Methode gebietet uns, zur Selbstverteidigung tapfer zuzuschlagen und unser Leben an gefahrvollster Stelle einzusetzen.
(Young India, 18.12.24)

Gewaltlosigkeit und Feigheit passen schlecht zueinander. Ich kann mir einen schwerbewaffneten Mann vorstellen, der in seinem Herzen doch feige ist. Im Besitz von Waffen liegt das Element der Furcht verborgen, wenn nicht gar der Feigheit. Echte Gewaltlosigkeit jedoch ist unmöglich, wenn man nicht die Furchtlosigkeit besitzt.
(Harijan, 15.7.39)

Ich glaube tatsächlich, wenn die Wahl bestünde zwischen Feigheit und Gewalt, ich würde zur Gewalt raten. Lieber möge Indien seine Zuflucht zu den Waffen nehmen, um seine Ehre zu verteidigen, als ein feiger, hilfloser Zeuge seiner eigenen Schande zu werden. Ich glaube aber, daß Gewaltlosigkeit der Gewalt himmelhoch überlegen ist. Vergeben ist männlicher als Strafen. Vergeben erhöht den Soldaten. Nichtstrafen ist aber erst dann Vergebung, wenn Macht zum Strafen vorhanden ist. Wenn eine hilflose Kreatur vom Strafen absieht, so bedeutet das weniger. Aber ich glaube keinesfalls, daß Indien hilflos ist. Ich glaube auch nicht, daß ich selbst ein hilfloses Wesen bin. Stärke beruht nicht auf physischem Vermögen. Sie kommt von einem unbezähmbaren Willen her.
(Young India, 11.8.20)

4. Kein Zwang

Es ist niemals die Absicht des Satyagrahi, den Urheber von Unrecht in Verlegenheit zu bringen. Niemals wird an seine Furcht appelliert, immer muß der Appell sich an sein

Herz richten. Ziel des Satyagrahi ist, den Übeltäter zu bekehren, nicht ihn zu zwingen. Bei allem, was er tut, darf keine Heuchelei sein. Er handelt natürlich und aus innerer Überzeugung. (Harijan, 25.3.39)

Sobald wir anfangen, die Dinge einmal vom Standpunkt unserer Gegner zu sehen, sind wir in der Lage, diesem Gerechtigkeit widerfahren zu lassen. Ich weiß, daß dies eine besondere Geisteshaltung verlangt und daß diese schwer zu erlangen ist. Für den Satyagrahi ist sie aber absolut unerläßlich. Dreiviertel des Elends und der Mißverständnisse in der Welt würden verschwinden, wenn wir einmal in die Schuhe unserer Gegner schlüpften und ihren Standpunkt verständen. Wir würden dann schnell mit ihnen übereinstimmen oder nachsichtig über sie denken.

Ich habe herausgefunden, daß der bloße Appell an die Vernunft überall da keinen Widerhall findet, wo die Vorurteile jahrhundertealt sind oder auf vermeintlicher religiöser Autorität beruhen. Die Vernunft muß durch Leiden gestärkt werden, und Leiden öffnet die Augen zum Verstehen. Deswegen darf keine Spur von Zwang in unseren Handlungen liegen. Wir dürfen nicht ungeduldig sein, und wir müssen einen unsterblichen Glauben an die Mittel haben, deren wir uns bedienen. (Young India, 19.3.25)

Unser Motto muß immer Bekehrung durch sanfte Überredung und ein ständiger Appell an Verstand und Herz sein. Wir müssen daher stets höflich und geduldig mit denen umgehen, welche die Dinge nicht so sehen wie wir. (Young India, 29.9.21)

Ein Satyagrahi sagt der Furcht Lebewohl. Er fürchtet sich nie, dem Gegner Vertrauen zu schenken. Selbst wenn ihn der Gegner zwanzigmal enttäuscht, der Satyagrahi ist bereit, ihm das einundzwanzigste Mal zu vertrauen; denn ein blindes Vertrauen in die menschliche Natur ist der eigentliche Grund seines Glaubens.
(Aus dem Bericht vom Treffen der Federation of International Fellowships in Sabarmati, 1928)

5. Wie Satyagraha an Stärke gewinnt

Die Macht der Selbstbeeinflussung kann so stark sein, daß ein Mensch zuletzt das wird, was er zu sein glaubt. Wenn wir gewaltlosen Kampf führen und an unsere Kraft glauben, so ergeben sich zwei ganz klare Folgerungen daraus. Nähren wir den Glauben an unsere Stärke, so werden wir jeden Tag stärker. Mit wachsendem Kraftbewußtsein wird auch unser gewaltloser Widerstand wirksamer, und wir halten nie Ausschau nach einem Vorwand, unter welchem wir aufgeben könnten.
(Sabarmati, 1928)

Meine Erfahrung hat mich gelehrt, daß für jeden rechtschaffenen Kampf das Gesetz der Progression eigentümlich ist. Im Falle der Satyagraha wird diese Gesetzmäßigkeit geradezu unumstößlich. Während des Verlaufs einer Satyagraha-Aktion hilft manch anderer Umstand mit, ihren Strom zum Anschwellen zu bringen, und so mehren sich ihre Ergebnisse beständig.

Dies ist tatsächlich unvermeidlich und hängt mit den grundlegenden Prinzipien der Satyagraha zusammen. Denn in der Satyagraha ist das Minimum gleichzeitig auch das Maximum, und da es sich hier um ein Minimum handelt, das nicht mehr vermindert werden kann, so kann sich niemals die Frage des Rückzugs erheben, und die einzig mögliche Bewegung ist die nach vorne. Bei anderen Auseinandersetzungen, auch wenn sie rechtschaffen geführt werden, wird die Forderung zunächst immer ein wenig höher angesetzt, um zu gewährleisten, daß man in Zukunft etwas zurückstecken kann, und aus diesem Grunde gilt das angeführte Progressionsgesetz nicht ausnahmslos für alle Aktionen.

(Sabarmati, 1928)

6. Regeln für Satyagrahis
1. Unter Satyagrahis muß allgemeine Ehrlichkeit herrschen.
2. Sie müssen ihrem Führer mit Leib und Seele folgen. Es sollte keine geistigen Vorbehalte geben.
3. Sie müssen bereit sein, alles zu verlieren, nicht nur ihre persönliche Freiheit, nicht nur Besitz, Land, Geld etc., sondern auch die Freiheit und den Besitz ihrer Familien. Sie müssen bereit sein, Kugeln, Bajonetten und sogar dem langsamen Tod durch Folterung zu trotzen.
4. Sie dürfen nicht gewalttätig sein in Gedanken, Worten oder Taten, weder gegen den „Feind", noch untereinander. (Harijan, 22.10.38)

7. Demut
Ein Widerständler ist nichts ohne Demut. Wer aus demütigem und frommem Herzen ein kleines Opfer bringt, erkennt, wie dürftig sein Opfer ist. Wenn wir einmal auf dem Wege des Opfers sind, finden wir auch das Maß für unsere Selbstlosigkeit und müssen ständig darauf aus sein, mehr zu geben, und dürfen nicht eher aufhören, als bis wir es zu völliger Selbstaufgabe gebracht haben.

(Young India, 29.9.21)

8. Fasten
Fasten ist ein integrierender Bestandteil des Satyagraha-Programms, und es ist unter gewissen Umständen die stärkste und wirksamste Waffe in ihrer Waffenkammer. Nicht jeder kann es durchführen ohne einen vorherigen entsprechenden Übungskursus. Ich kann im Rahmen dieser Ausführungen nicht darlegen, unter welchen Bedingungen man zum Fasten seine Zuflucht nehmen soll oder wie man sich darauf vorbereitet. Gewaltlosigkeit im positiven Aspekt als Wohlwollen (ich gebrauche nicht das Wort „Liebe", weil es in Verruf gekommen ist) ist die stärkste Macht, weil sie dem Selbst-Leiden ein unbegrenztes Betätigungsfeld erschließt, ohne daß sie dem Übeltäter den geringsten körperlichen oder materiellen Schaden zuzufügen beabsichtigt. Sie will immer nur das Beste in ihm wachrufen. Selbst-Leiden ist ein Appell an seine bessere Natur, so wie Wiedervergeltung an seine niedrigen Gefühle appelliert. Fasten ist unter gegebenen Umständen ein solcher Appell par excellence. Wenn der Politiker die Eignung des Fastens für politische

Zielsetzung nicht wahrnimmt, so liegt das daran, daß diese herrliche Waffe etwas ganz Neuartiges darstellt.
(Harijan, 26.7.42)

Das Fasten ist die letzte Waffe im Arsenal des Ahimsa-Jüngers. Wenn menschlicher Erfindungsgeist keinen Ausweg mehr findet, fastet der Jünger. Das Fasten belebt den Gebetsgeist, das Fasten ist sozusagen ein geistlicher Akt und daher an Gott gerichtet. Die Wirkung einer solchen Aktion auf das Leben des Volkes besteht darin, daß dadurch das schlafende Gewissen der Leute geweckt wird, wenn sie die fastende Person überhaupt kennen. Aber es besteht die Gefahr, daß die Leute aus falscher Sympathie dagegen arbeiten, um das Leben des Geliebten zu retten. Dieser Gefahr muß ins Auge geschaut werden. Wenn man von der Richtigkeit einer Handlung überzeugt ist, sollte man sich nicht davon abbringen lassen. Ich kann nur zur Vorsicht raten. Ein solches Fasten geschieht im Gehorsam gegen die Forderungen der inneren Stimme und bewahrt uns daher vor Übereilung. (Harijan, 21.12.47)

9. Kein Sitzstreik (Sitting Dhurna)
Einige Studenten haben die alte, barbarische Form des Sitzstreiks zu neuem Leben erweckt. Ich nenne es Barbarei, denn es ist eine unreife Art, auf andere Zwang auszuüben. Es ist auch feige, denn wer Dhurna sitzt, weiß genau, daß man nicht über ihn hinwegtrampelt. Es ist zwar schwer, diese Art als gewalttätig zu bezeichnen, aber sie ist sicherlich noch schlimmer. Wenn wir gegen den Gegner aktiv kämpfen, versetzen wir

ihn wenigstens in die Lage, zurückzuschlagen. Wenn wir ihn aber dazu herausfordern, über uns hinwegzuschreiten, und wir wissen dabei, daß er es doch nicht tut, bringen wir ihn in eine unangenehme und demütigende Lage. Ich weiß, daß die übereifrigen Studenten, die Dhurna saßen, sich der Barbarei ihrer Handlung nicht bewußt waren. Wenn man von jemand erwartet, daß er der Stimme des Gewissens folgt, und er stellt sich ganz allein in solcher Weise gegen eine Übermacht, dann kann man schon nicht mehr sagen, daß er gedankenlos handelt. Mögen diejenigen, die dem Gegner die Mitarbeit verweigern, achtsam sein bei allem, was sie tun! Es darf weder Ungeduld noch Barbarei, noch Unverschämtheit, noch unangemessenen Zwang geben.
(Young India, 2.2.21)

10. Weder Zwang noch Unduldsamkeit
Unsere Tyrannei, wenn wir anderen unseren Willen aufzwingen wollen, wird unendlich viel schlimmer sein als die der wenigen Engländer, die die Bürokratie verkörpern. Die ihrige ist eine Gewaltherrschaft, die eine Minderheit aufrichtete, um inmitten der Auflehnung zu bestehen. Die unsrige würde die Schreckensherrschaft einer Mehrheit und darum schlimmer und wahrhaftig gottloser sein als die erstere. Zwang, welche Form er auch haben mag, muß daher bei unserem Kampf ausscheiden. Wenn wir auch nur eine Handvoll sind, die fest zu der Lehre der Nicht-Zusammenarbeit stehen, mögen wir auch sterben bei dem Versuch, andere zu unserer Ansicht zu bekehren, wir werden

dann unsere Sache doch wenigstens treu verteidigt und vertreten haben. Wenn wir jedoch durch Zwang Männer unter unsere Banner rufen, werden wir sowohl unsere Sache wie Gott verleugnen. Erringen wir im Augenblick auch einen scheinbaren Erfolg, in Wirklichkeit ist es uns doch nur gelungen, einen noch schlimmeren Terror aufzurichten.

Wir werden außerdem unsere Sache verzögern, wenn wir eine Meinung durch Unduldsamkeit unterdrücken. Denn in diesem Falle werden wir nie wissen, wer für uns und wer gegen uns ist. Die unausweichliche Bedingung für den Erfolg ist daher, daß wir zu größter Meinungsfreiheit ermutigen. Das ist das wenigste, was wir von den gegenwärtigen „Herren" lernen können. Ihr Strafgesetz enthält drastische Strafen für das Vertreten von Meinungen, die ihnen nicht passen. Und sie haben einige unserer edelsten Landsleute verhaftet, weil diese ihre Meinung zum Ausdruck gebracht haben. Unsere Nicht-Mitarbeit ist ein mutiger und offener Protest gegen dieses System. Gerade bei unserem Kampf gegen die Meinungsbeschränkung dürfen wir nicht die Schuld auf uns laden, anderen unsere Meinung aufzuzwingen.   (Young India, 27.10.21)

11. Wer soll gewaltlosen Widerstand leisten?

Das Wesen von Satyagraha besteht darin, daß diejenigen, die leiden, allein und für sich gewaltlos kämpfen sollen. Es können jedoch Fälle in Erwägung gezogen werden, bei denen eine Satyagraha aus Sympathie gestattet ist. Der Satyagraha liegt doch die Idee zugrunde, den Übeltäter zu bekehren, den Sinn für Gerechtigkeit in ihm zu wecken, ihm zu zeigen, daß er ohne die direkte oder indirekte Mitarbeit der Unterdrückten das beabsichtigte Unrecht nicht durchführen kann. Wenn die Menschen nicht bereit sind, in jedem Falle für ihre Sache zu leiden, kann keine Hilfe von außen, auch nicht in der Gestalt von Satyagraha ihnen echte Befreiung bringen.   (Harijan, 10.12.38)

12. Die Art und Weise des gewaltlosen Widerstandes

In einer Satyagraha-Aktion werden die Art des Kampfes und die Wahl der Taktik (d. h. ob Vormarsch oder Rückzug, ziviler Widerstand oder Entfaltung gewaltloser Stärke durch konstruktive Arbeit und rein selbstlosen humanitären Dienst) durch die

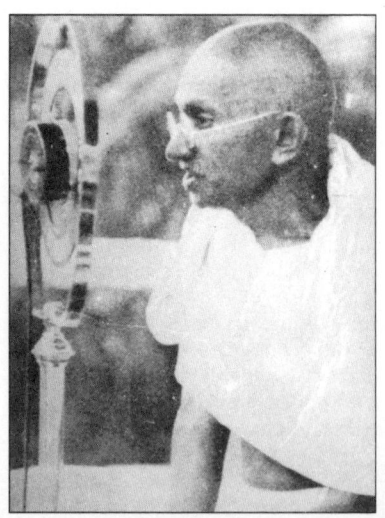

jeweiligen Erfordernisse der Lage bestimmt. Ein Satyagrahi muß jeden Plan, der für ihn aufgestellt wird, mit kühler Bestimmtheit ausführen und weder Hochstimmung noch Niedergeschlagenheit Raum geben.

(Harijan, 28.7.40)

Disziplin hat freilich ihren Platz in der Strategie der Gewaltlosigkeit, aber es ist darüber hinaus noch viel mehr erforderlich. In einem Heer der Gewaltlosigkeit muß jeder Soldat und Diener sein, aber im Notfall muß jeder Satyagrahi sein eigener General und Führer sein. Disziplin allein macht kein Führertum. Es gehören Glaube und Hellsicht dazu.

(Harijan, 28.7.40)

13. Die Zahl macht es nicht
Bei jeder großen Sache ist nicht die Zahl der Kämpfer entscheidend, sondern der entscheidende Faktor ist, aus welchem Holze sie geschnitzt sind. Die größten Männer der Welt haben immer allein gestanden.

(Young India, 10.11.29)

14. Satyagraha als letzte Zuflucht
Da Satyagraha eine der wirksamsten Methoden offenen Kampfes ist, erschöpft ein Satyagrahi zunächst alle anderen Mittel, bevor er seine Zuflucht zu gewaltlosem Widerstand nimmt. Er wird daher beständig und fortgesetzt mit den bestehenden Behörden Fühlung halten, an die öffentliche Meinung appellieren, die öffentliche Meinung beeinflussen, seine Sache ruhig und kühl jedem vortragen, der ihn anhören will, und erst, wenn er all diese Wege zu Ende gegangen ist, wird er zur Satyagraha greifen. Aber wenn er den eindringlichen Ruf seiner inneren Stimme vernommen und sich in den gewaltlosen Kampf gestürzt hat, so hat er seine Schiffe hinter sich verbrannt, und es gibt kein Zurück.

(Young India, 20.10.27)

M. K. Gandhi:
„Sarvodaya (Wohlfahrt für alle)"

Gandhi als Sozialreformer: sein Bild einer befreiten, gerechten und gewaltlosen Gesellschaftsordnung in Indien

Am Beispiel der Ashrams, spirituellgewaltloser Landkommunen, die Gandhi in Südafrika und Indien aufbaute, wird klar, daß es zu kurz greift, Gewaltlosigkeit nur als andere Methode der politischen Konfrontation zu verstehen. Sie ist vielmehr eine „Seinsweise", die in allen Lebensbereichen zum Ausdruck kommt. In den Gandhischen Ashram-Gründungen, wie etwa Phönix-Siedlung, Tolstoj-Farm und Sabarmati-Ashram, sollte eine künftige gewaltlose Gesellschaftsordnung keimhaft vorweggenommen werden. Das freie Indien – Hind Swaraj – sollte, nach Gandhi, auf weitgehend autarken Dorfgemeinschaften aufbauen, die zugleich auch politische Selbstverwaltungseinheiten darstellten. Dabei sollten zentrale Regierungsfunktionen auf ein Minimum beschränkt bleiben. Als ausgesprochener Reform-Hindu erweist sich Gandhi durch seine Stellungnahme zum Kastenwesen, zur Unberührbarkeit und zur Stellung der Frau in der indischen Gesellschaft.

Gewaltlosigkeit, eine soziale Tugend

Ich bin der Meinung, daß Gewaltlosigkeit nicht nur eine persönliche Tugend ist. Sie ist auch eine soziale Tugend, die gepflegt werden muß wie andere Tugenden auch. Sicherlich wird die Gemeinschaft in ihren gemeinsamen Verrichtungen weitgehend durch gewaltloses Handeln zum Ausdruck gebracht. Was mir am Herzen liegt, ist die Ausdehnung solchen Handelns auf eine weitere, nationale, ja internationale Ebene.
(Harijan, 7.1.39)

Das Individuum im Konflikt mit der Gemeinschaft

Ich schätze die persönliche Freiheit, aber wir dürfen nicht vergessen, daß der Mensch im Grunde ein soziales Wesen ist. Er ist zu seiner jetzigen Stellung aufgestiegen, weil er gelernt hat, seinen Individualismus den Erfordernissen des sozialen Fortschrittes anzupassen. Uneingeschränkter Individualismus ist das Gesetz des wilden Tieres im Dschungel. Wir müssen lernen, den goldenen Mittelweg zwischen individueller Freiheit und sozialer Notwendigkeit einzuschlagen.

Willige Unterordnung unter soziale Erfordernisse zum Wohle der Gesamtheit bereichert das Individuum und die Gemeinschaft, der man angehört. (Harijan, 27.5.39)

Keine Unberührbarkeit mehr!

Wenn in allem, was im Universum existiert, Gott wohnt, d.h. wenn der Brahmane wie der Banghi, der Gelehrte wie der Straßenfeger, der Ezhava wie der Paria, gleichgültig welcher Kaste sie angehören – wenn diese von Gott sind, so gibt es keinen, der hoch, und keinen, der niedrig ist, alle sind ohne Einschränkung gleich, gleich, weil sie die Geschöpfe jenes Schöpfers sind. (Harijan, 30.1.37)

Kastenwesen

Sofern ich überhaupt etwas vom Hinduismus verstehe, ist die Bedeutung der Kaste etwas unglaublich Einfaches. Sie besteht einfach darin, daß jeder von uns dem immer wieder vererbten Lebensruf seiner Vorväter folgt, soweit dieser traditionelle Ruf nicht im Widerspruch zu dem grundlegenden Sittengesetz steht. Diesem Ruf folgen wir nur zu dem Zwecke, uns den Lebensunterhalt zu verdienen. Folgten wir alle dem Gesetz der Varna, so würden begreiflicherweise unsere materiellen Zielsetzungen begrenzt und unsere Energie frei werden für die Nutzbarmachung jener weiten Bereiche, auf denen wir zur Erkenntnis Gottes gelangen.
(Young India, 20.10.27)

Die Kastenreligion (Varnashrama Dharma) bestimmt des Menschen Mission auf dieser Erde. Er ist nicht dazu geboren, Tag für Tag darüber nachzudenken, wie man Reichtümer anhäuft, und ständig neue Möglichkeiten für die Gewinnung seines Unterhaltes ausfindig zu machen; im Gegenteil, der Mensch ist geboren, um jedes Atom seiner Energie dazu zu benutzen, seinen Schöpfer kennenzulernen. Deshalb beschränkt ihn das Kastengesetz auf die Beschäftigung seiner Vorväter, um Leib und Seele zu erhalten. Dies, nichts mehr und nichts weniger, bedeutet Varnashrama Dharma. (Young India, 27.10.27)

Kaste als Berufsstand

Vom wirtschaftlichen Standpunkt gesehen war ihr Wert sehr groß. Sie sicherte die erbliche Weitergabe beruflichen Könnens und setzte dem Wettbewerb Schranken. Sie war das beste Mittel gegen die allgemeine Verarmung und hatte alle Vorteile von gewerblichen Gilden. Obgleich sie Abenteuer und Erfindung nicht förderte, ist doch nicht bekannt, daß sie diese behindert hätte.

Geschichtlich gesprochen kann die Kaste als des Menschen Experiment oder seine soziale Eingliederung im Arbeitsraum der indischen Gesellschaft betrachtet werden. Wenn der Beweis gelingt, daß sie eine erfolgreiche Einrichtung war, so kann sie der Welt als Sauerteig angeboten werden, als bestes Mittel gegen herzlosen Wettbewerb und soziale Auflösung, die aus Geiz und Gier hervorgehen.

(Young India, 5.1.21)

Ich glaube, daß jeder Mensch mit bestimmten natürlichen Neigungen in die Welt geboren wird. Jedem sind von Geburt auch gewisse deutliche Grenzen gesetzt, die er nicht überschreiten kann. Aus sorgfältiger Beobachtung dieser Grenzen leitet sich das Gesetz der Varna ab. Es setzt bestimmte Wirkungssphären für bestimmte Leute mit bestimmten Neigungen fest. Dies schaltete allen unwürdigen Wettbewerb aus. Während es Grenzen anerkannte, ließ das Gesetz der Varna keine Unterscheidungen in hoch und niedrig zu. Einerseits garantierte es jedem die Früchte seiner Arbeit, andererseits hinderte es ihn, auf den Nachbarn Druck auszuüben. Dies großartige Gesetz ist abgewertet und in Verruf gebracht worden. Meine Überzeugung aber ist, daß eine ideale Sozialordnung nur entwickelt werden kann, wenn die selbstverständlichen Folgerungen aus diesem Gesetz voll verstanden und verwirklicht werden.

(The Modern Review, Okt. 1935)

Heirat zwischen Angehörigen verschiedener Kasten

Das Kastenwesen sah ursprünglich kein Verbot des Heiratens untereinander oder des Zusammenspeisens vor, und so etwas sollte es auch eigentlich nicht geben.

Gandhi verläßt den Ashram von Sevagram.

Obwohl in Varnashrama kein solches Verbot des Untereinander-Heiratens oder Zusammenspeisens besteht, soll man keinerlei Zwang anwenden. Es muß der uneingeschränkten Wahl des einzelnen überlassen bleiben, wen er oder sie heiraten oder wo man speisen will. Würde das Gesetz der Varnashrama befolgt, so ergäbe sich natürlich die Tendenz, soweit es das Heiraten betrifft, daß die Leute nur eheliche Verbindungen innerhalb ihrer eigenen Kaste eingingen.   (Harijan, 16.11.35)

Es müßte eine Bresche in den doppelten Wall geschlagen werden, den Kaste und Provinz errichtet haben. Wenn Indien eins ist und unteilbar, dann darf es gewiß keine künstlichen Einteilungen geben, welche unzählige kleine Gruppen schaffen, die untereinander nicht heiraten oder nicht miteinander essen.   (Harijan, 25.7.36)

Frage: Sie treten also für Heiraten zwischen Angehörigen verschiedener Kasten ein. Befürworten Sie auch die Heirat zwischen Indern verschiedener Religion?

Antwort: Obwohl Gandhi zugab, daß er nicht diese Ansicht vertreten habe, sei er schon längst zu der Überzeugung gekommen, daß eine religiöse Mischehe, wenn immer sie eingegangen werde, ein wünschenswertes Ereignis sei. Er mache jedoch die Einschränkung, daß eine solche Ehe nicht der Wollust wegen geschlossen würde. Das letztere sei seiner Meinung nach keine Ehe, sondern unerlaubter Verkehr. Die Ehe sei in seinem Urteil eine geheiligte Einrichtung. Daher müsse gegenseitige Freundschaft

bestehen, wobei jede Partei gleiche Achtung vor der Religion der anderen zeigen müsse. Die Frage der Bekehrung bestehe dabei nicht. Die Trauungszeremonien müßten daher auch von Priestern beider Bekenntnisse gefeiert werden. Zu einem so glücklichen Ergebnis gelange man nur, wenn die Religionsgemeinschaften der gegenseitigen Feindschaft entsagten und Achtung für die Weltreligionen aufbrächten.   (Harijan, 16.3.47)

Die Stellung der Frauen

Beide (Mann und Frau) leben dasselbe Leben, haben dieselben Gefühle. Jedes ist Ergänzung des anderen. Das eine kann ohne des anderen tätige Hilfe nicht leben.

Aber irgendwie hat der Mann von alters her die Frau beherrscht, und so hat die Frau einen Minderwertigkeitskomplex entwickelt. Sie hat an des Mannes eigensüchtige Lehre, daß sie ihm unterlegen sei, geglaubt. Aber die Seher unter den Menschen haben ihre gleichberechtigte Stellung erkannt.

Und doch entsteht an einem gewissen Punkt eine Zweiteilung. Obwohl beide im Grunde eins sind, ist es doch gleicherweise wiederum wahr, daß in der Form ein Unterschied von vitaler Bedeutung zwischen beiden vorhanden ist. Daher müssen beide auch zu Verschiedenem berufen sein. Die Pflichten der Mutterschaft, welche die große Mehrheit der Frauen immer auf sich nehmen wird, erfordern Eigenschaften, die der Mann nicht zu besitzen braucht. Sie ist passiv, er ist aktiv. Sie ist im wesentlichen die Herrin des Hauses, er ist der Brotverdiener. Sie verwahrt das Brot. Sie ist die Hausmeisterin in jedem Sinne

Witwenverbrennung im Indien des 19. Jahrhunderts, ein Brauch, den Gandhi scharf verurteilte.

des Wortes. Die Kunst, die Kinder der Sippe großzuziehen, ist ihr besonderes und alleiniges Vorrecht. Ohne ihre Sorge muß das Geschlecht erlöschen.

Nach meiner Meinung ist es für beide, für den Mann sowohl wie für die Frau, erniedrigend, wenn sie verpflichtet oder verleitet wird, den häuslichen Herd zu verlassen und das Gewehr zu schultern zum Schutze dieses häuslichen Herdes. Es ist ein Rückfall in die Barbarei und der Anfang vom Ende. Wenn sie versucht, des Mannes Pferd zu reiten, richtet sie sich selbst und ihn zugrunde. Verführt oder verurteilt der Mann seine Gefährtin dazu, ihren besonderen Lebensauftrag preiszugeben, so kommt diese Sünde über des Mannes Haupt. Es erfordert ebensoviel Tapferkeit, das Heim in guter Ordnung und Verfassung zu erhalten, wie seine Verteidigung gegen Angriffe von außen.

Wie ich Millionen Bauern in ihrer natürlichen Umgebung beobachtet habe und wie ich sie täglich in Segaon vor mir sehe, hat sich die natürliche Teilung in Arbeitssphären meinem Bewußtsein geradezu aufgedrängt. Da gibt es keine weiblichen Schmiede und Zimmerleute. Wohl aber arbeiten Männer und Frauen auf den Feldern, wobei die schwersten Arbeiten von den Männern verrichtet werden. Die Frauen erhalten und verwalten das Heim. Sie ergänzen die dürftigen Hilfsmittel der Familie, aber der Mann bleibt in der Hauptsache der Brotverdiener. Wenn auch die

Arbeitssphären geteilt sind, so werden von Mann und Frau praktisch doch dieselben allgemeinen menschlichen Tugenden und deren Pflege gefordert.

Mein Beitrag zum großen Problem besteht darin, daß ich Wahrheit und Gewaltlosigkeit zur Anwendung in allen Lebensbezirken empfehle, ob für Einzelwesen oder Völker.

Ich hege die Hoffnung, daß die Frau dabei die unbestrittene Führung übernimmt und daß sie ihren Minderwertigkeitskomplex abwerfen wird, wenn sie auf diese Weise ihren Platz in der menschlichen Entwicklung gefunden hat.

Ich habe in diesen Spalten schon zu verstehen gegeben, daß die Frau die Inkarnation von Ahimsa sei. Ahimsa bedeutet unendliche Liebe, welche wiederum soviel wie unbegrenzte Leidensfähigkeit ausdrückt. Wer außer der Frau, der Menschenmutter, zeigt diese Fähigkeit im weitesten Maße? Sie beweist es, wenn sie das Kind trägt und nährt, neun Monate hindurch, und empfindet noch Freude bei allem, was sie darunter zu leiden hat. Was übertrifft an Schmerzen die Geburtswehen? Aber sie vergißt sie über der Freude der Schöpfung. Wer erduldet täglich so viel für das Wachsen und Gedeihen ihres Kindes? Laßt sie diese Liebe auf die ganze Menschheit übertragen, laßt sie vergessen, daß sie je das Objekt männlicher Lust war oder sein kann, und sie wird ihre stolze Stellung an der Seite des Mannes einnehmen, als seine Mutter, seine Schöpferin und stille Führerin! Ihr ist gegeben, die streitende Welt Frieden zu lehren, die nach diesem Nektar dürstet. Sie kann Führerin in der Satyagraha werden, wozu nicht ein Wissen notwendig ist, das uns Bücher vermitteln, sondern ein tapferes Herz, das durch Leid und Glaube gefestigt ist.

Charakter muß Grundlage sein

Selbstregierung (Swaraj) bedeutet im Grunde Selbstbeherrschung. Nur derjenige ist zur Selbstbeherrschung fähig, der die Moralgesetze befolgt, nicht betrügt, bei der Wahrheit bleibt und seine Pflichten gegen Eltern, Frau, Kinder, Diener und Nachbarn erfüllt. Ein solcher Mensch ist schon im Genuß der Swaraj, gleichgültig, wo er auch lebt. Ein Staat besitzt Swaraj, wenn er sich einer großen Zahl solch guter Bürger rühmen kann. Swaraj kann nicht durch Errichtung großer Fabriken erreicht werden. Dabei mögen Gold und Silber angehäuft werden, aber dies alles wird nicht zur Verwirklichung wahrer Selbstregierung führen. Ruskin hat dafür den völligen Beweis erbracht. Die westliche Zivilisation steckt noch in den Kinderschuhen, sie ist kaum hundert oder vielleicht nur fünfzig Jahre alt. Und doch hat sie Europa in eine traurige Lage gebracht. Laßt uns beten, daß Indien vor dem Schicksal Europas bewahrt bleibt, wo die Völker dauernd in der Gefahr gegenseitigen Angriffs schweben und nur angesichts der Waffenhäufung Ruhe halten. Eines Tages wird es zur Explosion kommen, und dann wird Europa eine wahrhafte Hölle auf Erden sein. Die nicht-weißen Rassen werden von jedem europäischen Staat als legitime Beute betrachtet. Was kann man anderes erwarten, wenn die Habgier die beherrschende Leidenschaft in der Menschen Brust ist? Die Europäer stürzen sich auf neue Gebiete wie die Raben auf ein Stück Fleisch. Ich neige zu der Ansicht, daß dies alles von ihren Fabriken für Massenproduktion herkommt.

Indien muß natürlich seine Selbstregierung haben, aber es muß sie mit rechtschaffenen Mitteln erringen. Unsere Selbstregierung muß wahrhafte Selbstregierung sein, welche weder durch Gewalt noch durch Industrialisierung erreicht werden kann. Indien war einmal ein goldenes Land, weil die Inder damals ein goldenes Herz hatten. Das Land ist zwar noch dasselbe, aber es ist zur Wüste geworden, weil wir verderbt sind. Es kann wieder zu einem Lande des Goldes werden, aber nur, wenn wir das Grundmetall unseres heutigen Nationalcharakters wieder in Gold umwandeln. Der Stein der Weisen, der diese Umwandlung zustande bringen kann, ist ein kleines Wort aus zwei Silben – Satya (Wahrheit). Wenn jeder Inder an der Wahrheit festhält, wird uns Swaraj ganz von selbst zuteil.

(Gandhis Schlußwort
zur Übertragung von
„Unto This Last"

Echte Demokratie oder Selbstregierung der Massen kann niemals durch unwahrhaftige und gewalttätige Mittel herbeigeführt werden, aus dem einfachen Grunde, weil die natürliche Folge ihrer Anwendung die Beseitigung jeder Opposition durch Unterdrückung oder die Auslöschung der Gegner bedeuten würde. Das führt nicht zu individueller Freiheit. Individuelle Freiheit kann sich nur unter der Herrschaft unverfälschter Ahimsa voll entfalten.

(Harijan, 27.5.39)

Sarvodaya-Demokratie

In diesem gesellschaftlichen Gebilde, das sich aus zahllosen Dörfern zusammensetzt, wird es ständig sich ausweitende, aber niemals aufsteigende Lebenskreise geben. Das Leben wird nicht eine Pyramide sein, deren Spitze von unten her getragen wird, sondern es wird ein Kreis von ozeanischer Weite sein, dessen Zentrum das Individuum ist, das jederzeit bereit ist, sich für das Dorf zu opfern, wobei das letztere wiederum willens ist, sich jederzeit für den Kreis von Dörfern aufzuopfern, bis zuletzt das Ganze ein Organismus wird, der aus Individuen besteht, die niemals aus Anmaßung aggressiv werden, sondern stets in Demut leben und teilhaben an der Majestät des ozeanweiten Kreises, von welchem sie integrierende Bestandteile sind.

Von der Peripherie her wird man die Macht nicht dazu benutzen, den Kreis nach innen einzudrücken, sondern wird allem, was innerhalb ist, Kraft und Festigkeit verleihen und seine eigene Kraft wieder von innen her ableiten. Man wird mich vielleicht mit der Entgegnung verspotten, daß dies alles utopisch und darum nicht wert sei, einen Gedanken daran zu verschwenden. Wenn Euklids Punkt, obwohl durch menschliches Bemühen nicht festlegbar, doch seinen unvergänglichen Wert hat, so hat mein Bild im Hinblick auf das Leben der Menschheit seinen eigenen Wert. Möge Indien nach diesem wahren Bilde leben, obgleich dieses nie vollständig zu verwirklichen sein wird. Eine Zielvorstellung ist notwendig, wenn wir Annäherndes erreichen wollen. Wenn einmal jedes indische Dorf zur Republik werden sollte, kann ich für mich in Anspruch nehmen, daß mein Zukunftsbild sich erfüllt hat. Dann werden die Ersten die Letzten sein, oder anders gesagt, es wird keine Ersten und keine Letzten mehr geben.   (Harijan, 28. 7. 46)

Wahre Demokratie wird nicht durch zwanzig Leute erreicht, die am Zentrum sitzen. Sie kann nur von unten her, von den Menschen eines jeden Dorfes aus verwirklicht werden.
(Harijan, 18. 1. 48)

Wenn wir wollen, daß die Selbstregierung auf Gewaltlosigkeit gegründet wird, müssen wir den Dörfern ihren gebührenden Platz einräumen.
(Harijan, 20. 1. 40)

Das Ziel

Unter Swaraj, die auf Gewaltlosigkeit beruht, ist niemand des anderen Feind, jeder steuert sein gehörig Teil zur Erreichung des gemeinsamen Zieles bei, alle können lesen und schreiben, und ihr Wissen wächst von Tag zu Tag. Krankheit und Gebrechen werden auf ein Mindestmaß beschränkt werden. Niemand ist Almosenempfänger, und der Arbeiter kann immer Beschäftigung finden. Unter einer solchen Regierung ist kein Platz für Glücksspiel, Trunksucht, Sittenlosigkeit oder Klassenhaß. Die Reichen werden ihren Reichtum weise und nützlich verwenden, nicht zur Vermehrung ihres Pompes und ihrer weltlichen Freuden. Es darf nicht vorkommen, daß eine Handvoll reicher Leute in juwelengeschmückten Palästen lebt, die Millionenmassen aber in elenden Hütten, in welche weder Sonne noch

Luft dringt. Streitigkeiten zwischen Hindus und Moslems, Unberührbarkeit und Unterschiede zwischen hoch und niedrig darf es nicht geben.

(Aus einem Aufruf Gandhis an die Bevölkerung von Rajkot. Harijan, 25.3.39)

Politische Macht

Für mich ist politische Macht nicht Selbstzweck, sondern nur ein Mittel, das die Menschen in die Lage versetzen soll, ihre Verhältnisse auf allen Lebensgebieten zu verbessern. Politische Macht bedeutet die Fähigkeit, das Leben des Volkes durch seine Repräsentanten zu regeln. Wenn einmal das Leben der Menschen so vollkommen sein wird, daß es sich von selbst regelt, sind keine Repräsentanten mehr nötig. Wir werden sodann eine aufgeklärte Anarchie haben. In einem solchen Staat wird jeder sein eigener Herrscher sein. Jeder wird sich dann so regieren, daß er seinem Nachbarn niemals im Wege steht. Im idealen Staat wird also keine politische Macht vorhanden sein, weil überhaupt kein Staat mehr besteht. Aber das Ideal wird im Leben nie voll verwirklicht. Daher mag der klassische Ausspruch von Thoreau gelten, daß diejenige Regierung die beste ist, die am wenigsten regiert.

(Young India, 2.7.31)

Mit größter Sorge beobachte ich das Anwachsen der staatlichen Macht, die in begrüßenswerter Weise zwar die Ausbeutung auf ein Minimum reduziert, aber der Menschheit doch dadurch größten Schaden zufügt, daß sie die Freiheit des einzelnen zerstört. Denn diese ist ja Grundvoraussetzung für allen Fortschritt. Der Staat repräsentiert Gewalt in konzentrierter und organisierter Form. Das Individuum hat eine Seele, aber der Staat ist eine seelenlose Maschine. Er kann nie der Gewalt entwöhnt werden, weil er dieser ja seine Existenz verdankt.

Wenn der Staat den Kapitalismus mit Gewalt unterdrückt, so wird er sich – das ist meine feste Überzeugung – selbst im Räderwerk der Gewalt festhaspeln und es niemals fertigbringen, Gewaltlosigkeit zu entwickeln. Was ich persönlich vorziehen würde, wäre nicht eine Zentralisierung der Macht in den Händen des Staates, sondern eine Ausdehnung des Treuhänderwesens, da nach meiner Meinung die Gewalt des Privatbesitzes weniger drückend ist als die des Staates. Falls es jedoch unvermeidbar sein sollte, würde ich ein Mindestmaß von Staatsbesitz als erträglich ansehen. Was ich mißbillige, ist eine auf Gewalt beruhende Organisation, so wie sie der Staat ja darstellt. Es muß eine freiwillige Organisation sein.

(The modern Review, 1935)

In der Demokratie meiner Vorstellung, einer gewaltlosen Demokratie, wird gleiche Freiheit für alle herrschen. Jeder wird sein eigener Herr sein.

(Aus Gandhis Korrespondenz mit der Regierung 1942–44)

Selbstregierung

So wie jedes Land imstande ist zu essen, zu trinken und zu atmen, so ist auch jedes Land fähig, seine eigenen Angelegenheiten selbst zu regeln, so schlecht es auch dabei zugehen mag.

(Young India, 15.10.31)

Selbstregierung bedeutet ein ständiges Mühen, sich von der Kontrolle durch eine Regierung unabhängig zu machen, sei dies nun eine fremde oder eine nationale Regierung. Eine Swaraj-Regierung wird eine traurige Angelegenheit sein, wenn die Leute von ihr verlangen, daß sie jede Einzelheit ihres Lebens in die Hand nehmen soll.   (Young India, 6.8.25)

Unter Swaraj verstehe ich die Regierung Indiens, welche die Zustimmung des Volkes hat, die durch die Mehrzahl der erwachsenen männlichen und weiblichen, eingeborenen und ansässig gewordenen Bevölkerung zum Ausdruck gebracht wird. Wer wählen will, muß durch manuelle Arbeit dem Staat gedient haben und darf nicht die Mühe gescheut haben, sich als Wähler registrieren zu lassen. Ich hoffe beweisen zu können, daß Swaraj nicht davon abhängig ist, daß einige wenige Autorität erringen, sondern daß alle die Fähigkeit erwerben, der Autorität zu widerstehen, wenn sie mißbraucht wird. Mit anderen Worten wird Swaraj gewonnen, wenn die Massen dazu erzogen werden, die Regierungsautorität zu regulieren und zu kontrollieren.
                    (Young India, 29.1.25)

Unter politischer Unabhängigkeit verstehe ich nicht eine Nachahmung des britischen Unterhauses oder der Sowjetherrschaft Rußlands oder der faschistischen Herrschaft in Italien oder der Naziherrschaft in Deutschland. Sie haben Systeme, die ihrem Volkscharakter entsprechen. Wir müssen das uns entsprechende haben. Was das bedeutet, ist mehr, als ich hier

sagen kann. Ich habe es als Ramaraj beschrieben, d. h. die Souveränität des Volkes, die auf rein moralischer Autorität beruht.   (Harijan, 2.1.37)

Das Recht der Minderheiten
Die Herrschaft der Mehrheit sollte nur einen engen Anwendungsbereich haben, d. h. in Einzelfragen sollte man sich ihr unterwerfen. Aber es ist Sklaverei, der Mehrheit ausgeliefert zu sein ohne Rücksicht darauf, was immer sie beschließt. Demokratie ist nicht ein Zustand, in dem die Menschen sich wie Schafe verhalten sollen. In der Demokratie muß die Freiheit des Meinens und Handelns eifersüchtig verteidigt werden. Ich glaube darum, daß die Minderheit das vollkommene Recht darauf hat, anders als die Mehrheit zu handeln, solange sie nicht im Namen des Kongresses handelt.   (Young India, 2.3.22)

In Gewissensfragen gilt das Gesetz der Mehrheit nicht.
                    (Young India, 4.8.20)

Gandhi und sein Vertrauter Nehru.

Besitzrecht am Boden

Wirklicher Sozialismus ist uns von unseren Ahnen her überliefert, welche lehrten: „Alles Land gehört Gopal. Wo ist da die Ackergrenze? Der Mensch hat diese Grenze gezogen, und er kann sie daher auch wegwischen." Gopal heißt wörtlich Hirte, es heißt auch Gott. In unserer heutigen Sprache bedeutet das soviel wie der Staat, d. h. das Volk. Daß der Boden heute nicht dem Volke gehört, ist nur allzu wahr. Aber daß es nicht so ist, liegt nicht an der Lehre. Es liegt an uns, die wir nicht danach gelebt haben.

Ich zweifle nicht daran, daß wir uns dieser Auffassung wieder beträchtlich nähern können, so gut wie jede andere Nation, Rußland nicht ausgenommen, und das ohne Gewaltanwendung.   (Harijan, 2.1.37)

Bauern und Gutsbesitzer

Die Bauern müssen die Lehre zurückweisen, daß ihr Pachtland unter Ausschluß des Zamindars ihr uneingeschränkter Besitz sei. Sie sind oder sollten Glieder einer großen Familie sein, in welcher der Zamindar das Oberhaupt ist, der ihre Rechte gegen Übergriffe schützt. Wie auch das Gesetz sein mag, der Zamindar muß sich dieser Auffassung von der miteinander verbundenen Familie nähern, wenn man ihn verteidigen will.   (Young India, 28.5.31)

Genossenschaftliche Landarbeit

Gandhi sagte in Beantwortung einer Frage, seine Auffassung von genossenschaftlicher Arbeit bestehe darin, daß das Land genossenschaftlicher Besitz der Eigentümer sein solle und daß es auch genossenschaftlich bearbeitet und bewirtschaftet werden müsse. Dies erspare Arbeit, Kapital, Werkzeuge usw. Die Eigentümer sollten genossenschaftlich zusammenarbeiten. Kapital, Geräte, Vieh, Saatgut usw. sollten Genossenschaftsbesitz sein. Genossenschaftliche Landarbeit nach seiner Vorstellung würde das Gesicht des Landes verändern und Armut und Müßiggang gründlichst ausrotten. All das sei nur möglich, wenn die Menschen untereinander Freunde würden und sich wie eine große Familie fühlten.   (Harijan, 9.3.47)

M. K. Gandhi:
„Sarvodaya (Wohlfahrt für Alle)"

Gandhis religiöser Standort: Zwischen Hinduismus und Christentum

Schon während seiner Studentenzeit in London (1888–1891) war Gandhi von dem Wunsch durchdrungen, die beiden Hauptschriften des Hinduismus und des Christentums, die Bhagavad-Gítá und die Bergpredigt, zu einer Synthese zu verbinden. Der amerikanische Journalist Louis Fisher berichtete, daß in Gandhis Lehmhütte als einziger Schmuck ein Bildnis von Jesus Christus an der Wand hing mit der Unterschrift „Er ist unser Friede". Gandhi verehrte auch Christus, obgleich sein Herz eigentlich für einen modernen und reformierten Hinduglauben schlug. Seine Position war die eines religiösen Universalisten, der alle Weltreligionen als sich ergänzende Bestandteile einer geistigen Gesamtreligion betrachtet.

Über das Wesen der Religion

All unser Tun und Handeln sollte von Religion durchdrungen sein. In diesem Sinn hat Religion nichts mit Sektiererei zu tun. Sie besteht so im Glauben daran, daß der Kosmos von einer bewußten Kraft sittlich sinnvoll gelenkt wird, von einer Kraft, die, weil für uns unsichtbar, nicht weniger wirksam ist. Diese Religion reicht über den Hinduismus, den Islam und das Christentum etc. hinaus. Sie soll diese nicht ersetzen, nicht verdrängen, sondern sie alle zu einer Harmonie verschmelzen und verwirklichen.

Lassen Sie mich erklären, was ich unter Religion verstehe. Es ist nicht der Hinduismus, obwohl ich ihn höher werte als alle anderen Religionen, aber die Religion, die noch über den Hinduismus hinausgeht, die uns bis ins Innerste verwandelt und uns unlöslich mit der Wahrheit in uns verbindet und uns beständig läutert. Kein Preis ist zu hoch, um diesem unzerstörbaren Ewigen im Menschen zu seinem vollen Ausdruck zu verhelfen. Bevor es sich nicht selbst gefunden, seinen Schöpfer erkannt und die wahre Beziehung zwischen sich und diesem Schöpfer hergestellt hat, läßt es die Seele ganz und gar ruhelos.

Der Hinduismus ist keine „exklusive" Religion, er hat Platz für die Verehrung aller Propheten dieser Erde. Er ist keine missionierende Religion im gewöhnlichen Sinn des Wortes. Wohl hat er viele fremde Stämme in sich aufgenommen, doch diese Verschmelzung hat sich unmerklich fortentwickelt.

Der Hinduismus besteht nicht nur auf Brüderlichkeit mit der ganzen Menschheit, sondern auch mit allem Lebendigen. Es schwindelt uns bei dieser Vorstellung, aber wir haben uns zu ihr zu erheben. Sobald wir die Gleichheit zwischen Mensch und Mensch wieder aufgerichtet haben, werden wir auch die Gleichheit zwischen der Menschheit und der ganzen Schöpfung wieder herstellen. Wenn dieser Tag kommt, so wird Friede herrschen auf Erden und unter den Menschen, die guten Willens sind.

Die Wahrheit ist nicht das ausschließliche Eigentum einer einzelnen heiligen Schrift. Die Forderung der Zeit ist nicht eine einzige Religion, sondern die gegenseitige Achtung und Duldsamkeit der Anhänger aller Religionen. Wir wollen keine Gleichschaltung, sondern die Einheit in der

Vielheit. Jeder Versuch, die durch Tradition und die durch Vererbung und Klima bedingten Umweltfaktoren sowie andere Gegebenheiten auslöschen zu wollen, ist nicht nur zum Scheitern verurteilt, sondern ein Sakrileg. Die Seele aller Religion ist ein und dieselbe, aber von einer Vielzahl von Formen eingeschlossen. Letztere werden bis an das Ende aller Zeiten bestehen. Weise werden durch die Vielfalt der Formen den einen lebendigen Kern erkennen.

Es ist müßig, davon zu reden, daß wir Seelen für Gott gewinnen wollen. Ist Gott so hilflos, daß er nicht von sich aus Seelen für sich gewinnen könnte? Religion ist immer die persönliche Angelegenheit jedes einzelnen.

Die Religionen sind verschiedene Wege, die alle zu dem gleichen Punkt hinführen. Was bedeutet es, daß wir verschiedene Pfade benützen, wenn wir doch das gleiche Ziel erreichen? In Wirklichkeit gibt es ebenso viele Religionen als Individuen.

Unser Gebet laute nicht: „Herr, gib ihm das Licht, das Du mir gewährst." Vielmehr: „Herr gib ihm all das Licht und die Wahrheit, deren er zu seiner höchsten Entfaltung bedarf." Bete immer nur, daß deine Freunde zu besseren Menschen werden, welcher Religion sie auch angehören mögen.

Mira Behn und ihr Bapu 1931.

Es ist eine von Grund auf falsche Einstellung, wenn ein Mensch, der Erkenntnis sucht, meint, er allein sei im Besitz der absoluten Wahrheit. Was geschieht doch in der heutigen Zeit den armen Astronomen? Sie ändern ihre Meinung tagtäglich, und es gibt Wissenschaftler, die sogar Einsteins letzte Theorien anzweifeln.

Wären wir zur vollen Wahrheitsschau gelangt, wären wir nicht nur Suchende, sondern mit Gott eins geworden, denn die Wahrheit ist Gott. Doch da wir eben nur Suchende sind, forschen wir weiter und sind uns unserer Unvollkommenheit bewußt. Und sind wir selbst unvollkommen, so muß Religion, wie wir sie auffassen, notwendig ebenfalls unvollkommen sein. Wir haben die vollkommene Religion noch nicht erfaßt, ebensowenig wie wir Gott erfaßt haben. Religion, soweit wir sie erfassen können, muß daher immer unvollkommen und einem unaufhörlichen Evolutionsvorgang unterworfen und der wiederholten Neuauslegung offen bleiben. Fortschritt zur Wahrheit, zu Gott, ist nur dank dieses Entwicklungsprozesses möglich.

Unter den vielen Lügenmächten, die in der Welt wirksam sind, ist die Theologie eine der ersten.

Ich halte nicht viel davon, wenn Menschen von ihrem Glauben sprechen in der Absicht, andere zu bekehren. Glaube ist nicht eine Sache des Redens, er muß gelebt werden, dann überzeugt er durch sich selber.

Die Rose muß keine Bücher schreiben oder Predigten halten über den Duft, den sie um sich ausströmt, oder über ihre Schönheit, die jeder, der Augen hat, sehen kann. Nun,

geistiges Leben steht unendlich höher als die schönste duftende Rose, und ich bin kühn genug zu behaupten, daß dort, wo das Geistige in unserem Dasein seinen Ausdruck findet, die Umwelt sehr schnell darauf reagieren wird.

Gegen das orthodoxe Christentum
Ich lehne das orthodoxe Christentum ab, denn ich bin überzeugt, daß es Jesu Botschaft verzerrt. Er war ein Asiate, dessen Lehre durch viele Mittelswege in die Welt drang; und als sie die Unterstützung eines römischen Kaisers erhielt, entwickelte sie sich zu einem imperialistischen Glauben, was sie bis heute geblieben ist.

Man möge mir zu sagen erlauben, daß Jesus keine neue Religion, sondern ein neues Leben predigte.

Ich könnte niemals glauben, daß ich nur durch einen Übertritt zum Christentum in den Himmel kommen oder erlöst werden würde. Sagte ich dies offen zu meinen gut christlichen Freunden, waren sie schockiert. Doch ich konnte es nicht ändern. Meine Schwierigkeit lag tiefer. Es überstieg meinen Glauben, daß Jesus der einzige Sohn Gottes sein sollte und daß nur dem, der an ihn glaubt, ewiges Leben beschieden wäre. Wenn Gott Söhne haben kann, dann sind wir alle seine Söhne. War Jesus Gottähnlich oder Gott-selbst, dann wären alle Menschen Gott-ähnlich und könnten Gott-selbst sein. Meine Vernunft konnte nicht glauben, daß Jesus im wörtlichen Sinne die Welt durch seinen Tod und sein Blut von der Sünde erlöst habe. Metaphorisch mag eine gewisse Wahrheit darin sein. Zudem besitzen nach der christlichen

Gandhi mit Mira Behn in London.

Lehre nur die menschlichen Wesen Seelen, andere Lebewesen jedoch nicht, für die der Tod die völlige Auslöschung bedeutet, während ich einer anderen Überzeugung huldige. Ich könnte Jesus als Märtyrer annehmen, als eine Verkörperung des Opfers, als göttlichen Lehrer, doch nicht als den vollkommensten Menschen, der je geboren wurde. Sein Tod am Kreuz war der Welt ein großes Beispiel, aber darin ein Mysterium oder die Bedeutung eines Wunders zu sehen, konnte mein Innerstes nicht akzeptieren. Das fromme Leben der Christen gab mir nichts, was Menschen anderen Glaubens verfehlt hätten, mir zu geben. Ich hatte im Leben anderer Menschen genau dieselben Wandlungen gesehen, als die, die mir von Christen berichtet worden waren. Philosophisch gesehen brachte das Christentum keine außergewöhnlichen Erkenntnisse. Bezüglich des Opfers will mir scheinen, daß die Hindus die Christen weit übertrafen. Es war mir unmöglich, das Christentum als eine vollkommene oder als die größte aller Religionen anzusehen. Käme Jesus zurück zur Erde, würde er manche Dinge, die im Namen des Christentums geschehen, zurückweisen. – Nicht der ist ein Christ, der da sagt: „Herr, Herr", sondern jener, der „den Willen des Herrn tut", ist der wahre Nachfolger Christi.

Leben ohne Religion ist nicht möglich

Gott ist Bewußtsein. Er ist sogar der Atheismus der Atheisten. Denn in Seiner grenzenlosen Liebe erlaubt Gott dem Atheisten zu leben. Er ist der Sucher der Herzen. Er übersteigt Wort und Vernunft. Er kennt uns und unser Herz besser, als wir selber es kennen. Er nimmt uns nicht beim Wort, denn Er weiß, daß wir es nicht immer so meinen, manchmal bewußt, manchmal unbewußt. Er ist der persönliche Gott für jene, die Seiner persönlichen Gegenwart bedürfen. Er verkörpert sich für die, die nach Seiner Berührung verlangen. Er ist das reinste Sein. Er IST eben für jene, die glauben. Er ist alles für alle, Er ist in uns und doch über uns und über uns hinaus. Man kann das Wort „Gott" abschaffen, aber nicht „das Ding an sich".

Selbst ein Mensch, der Religion verneint, lebt nicht ohne Religion, kann nicht ohne sie leben. Ob durch Vernunft, durch Instinkt oder Aberglauben stellt der Mensch eine Art von Verbindung mit dem Göttlichen her. Der überzeugteste Agnostiker und Atheist anerkennt die Notwendigkeit moralischer Grundsätze und verbindet mit ihrer Einhaltung etwas Gutes und etwas Schlechtes mit ihrer Nichtbeachtung.

Rationalisten sind bewundernswerte Wesen. Rationalismus ist ein häßliches Ungeheuer, wenn er Anspruch auf Allmacht erhebt. Der Vernunft Allmacht zuzuschreiben, ist ebenso arge Vergötzung wie die Anbetung eines Holzstocks oder Steins, der für Gott angesehen wird. Ich trete nicht für die Unterdrückung der Vernunft ein, doch für gebührende Anerkennung dessen in uns, was die Vernunft heiligt.

Es gibt Dinge, bei denen die Vernunft nicht weit führen kann und die wir gläubig hinzunehmen haben. Dann widerspricht Glaube nicht der Vernunft, sondern übersteigt sie. Der Glaube ist eine Art von sechstem Sinn, der wirksam wird, wenn die Vernunft versagt.

Mira Behn (Hrsg.):
„Gedanken von Mahatma Gandhi"

Die Bedeutung und Nachwirkung Mahatma Gandhis

Mahatma Gandhi, schon zu seinen Lebzeiten ein Mythos, ist unbestreitbar eine der bekanntesten und in ihrer Wirkung weitreichendsten Persönlichkeiten des 20. Jahrhunderts. Seine Bedeutung geht weit über die eines indischen Nationalhelden und Unabhängigkeitskämpfers hinaus.

Die von Gandhi entwickelten Techniken des gewaltlosen Widerstands, von der reinen Symbolhandlung über die individuelle und kollektive Gehorsamsverweigerung bis zum gewaltlosen Massenaufmarsch, sind weltweit übernommen worden: von der amerikanischen Bürgerrechtsbewegung der Schwarzen unter der Führung von Martin Luther King (1929–1968), von den Gegnern des Vietnam-Kriegs und von der Friedensbewegung. Aber Gandhi war nicht allein politischer Reformer – seine eigentliche Botschaft war sein Leben selbst, das oft mit dem Leben eines Sokrates, Diogenes oder Franz von Assisi verglichen wurde.

Die Liebe als Methode der Sozialreform

Wie die meisten Leute hatte ich von Gandhi gehört, hatte ihn aber nie ernstlich studiert. Als ich nun die Bücher las, war ich fasziniert von seinen Feldzügen gewaltlosen Widerstandes. Besonders bewegte mich sein Salzmarsch zum Meer und sein häufiges Fasten. Die ganze Idee des „Satyāgraha" machte starken Eindruck auf mich (Satya bedeutet Wahrheit, die Liebe einschließt, und āgraha bedeutet Festigkeit, die mit Kraft gleichbedeutend ist; Satyāgraha bedeutet daher die Macht, die aus der Wahrheit und der Liebe geboren ist). Als ich tiefer in die Philosophie Gandhis eindrang, nahmen meine Zweifel an der Macht der Liebe allmählich ab, und ich erkannte zum erstenmal, was sie auf dem Gebiet der Sozialreform ausrichten konnte. Ehe ich Gandhi gelesen hatte, glaubte ich, daß die Sittenlehre Jesu nur für das persönliche Verhältnis zwischen einzelnen

Menschen gelte. Das „Dem biete die andere Backe dar" und „Liebe deine Feinde" galt meiner Meinung nach nur dann, wenn ein Mensch mit einem anderen in Konflikt geriet. Wenn aber Rassengruppen und Nationen in Konflikt kamen, schien mir eine realistischere Methode notwendig zu sein. Doch nachdem ich Gandhi gelesen hatte, sah ich ein, wie sehr ich mich geirrt hatte.

Gandhi war wahrscheinlich der erste Mensch in der Geschichte, der Jesu Ethik von der Liebe über eine bloße Wechselwirkung zwischen einzelnen Menschen hinaus zu einer wirksamen sozialen Macht in großem Maßstab erhob. Für Gandhi war die Liebe ein mächtiges Instrument für eine soziale und kollektive Umgestaltung. In seiner Lehre von der Liebe und Gewaltlosigkeit entdeckte ich die Methode für eine Sozialreform, nach der ich schon so viele Monate gesucht hatte. Was mir intellektuell und ethisch im Utilitarismus von Bentham und Mill, in den revolutionären Methoden von Marx und Lenin, in der Gesellschaftstheorie von Hobbes, in dem „Zurück-zur-Natur"-Optimismus von Rousseau und in Nietzsches Philosophie vom Übermenschen nicht genügte, fand ich in Gandhis Lehre vom gewaltlosen Widerstand. Ich kam zu der Überzeugung, daß sie für ein unterdrücktes Volk in seinem Kampf um die Freiheit die einzige moralisch und praktisch vertretbare Methode war.

Martin Luther King:
„Freiheit"

Martin Luther King jr.

Weltgeschichtliche Größe

Mit Gandhi ist einer der Großen der Weltgeschichte dahingegangen, ein Mann, der Unermeßliches für sein Volk geleistet und der die Aufmerksamkeit der ganzen Welt auf sich gelenkt hat. Er hat allen Menschen auf Erden, die guten Willens sind, ein unvergängliches Beispiel gegeben und einen der größten Siege der Weltgeschichte erkämpft. Was Napoleon nicht erreicht, was Hitler vergeblich erstrebt hat, das hat Gandhi vollbracht: die bedingungslose Kapitulation des großen britischen Imperiums vor einer nichtbritischen Macht. Gewiß, ohne die Ära der Weltkriege, ohne die Selbstzerfleischung Europas hätte Indien seine Unabhängigkeit nie erlangt, aber daß Indien seine Freiheit gewonnen hat, ist Gandhis Werk. Dieser große Mann, aller Welt nur mit dem schlichten Leinenumhang und dem Spinnrad bekannt, hat sich als der weitaus erfolgreichste Politiker des 20. Jahrhunderts erwiesen. Er war sich bewußt, daß seine Lehre keine nationale Beschränkung vertrug, sondern daß diese die ganze Welt anging: „Wenn mein Glaube lebendig ist, wird er sogar meine Liebe für Indien übertreffen."

Gandhi hat gezeigt, daß es möglich ist, Gewalt durch Nichtgewalt, Kampf durch Friede, Unordnung durch Ordnung, Haß durch Liebe zu überwinden. Gandhis Appell richtete sich an die ganze Welt. Er, der in seiner Glaubenshaltung immer ein Hindu blieb, aber in seiner ethischen Einstellung in der „Nachfolge Christi" stand, war der Bringer christlicher ethischer Werte für die Inder und ebenso der Vermittler indischen Gedankengutes für den Westen. Er wurde damit zu einem religiösen Führer von weltgeschichtlicher Wirkung. Er lehrte die Inder, christliche Nächstenliebe zu üben, und hielt dem Westen deutlich vor Augen, wie sehr er dem Teufelsevangelium der Macht verfallen ist und damit zu seinem Unheil die Bahn verlassen hat, die ihm vor 2000 Jahren gewiesen wurde. Gandhi gehört nicht nur der indischen Geschichte, sondern auch der Weltgeschichte an. Er steht in der Reihe der Männer, die immer im Bewußtsein der Menschen weiterleben werden.

Heinrich Wenz:
„Weltmacht Indien"

Eine lebensfähige Alternative

Gandhis Ideen und Aktionen haben in gewisser Weise unser aller Denken beeinflußt. Womit jedoch nicht gesagt ist, daß nun viele Menschen als „Gandhianer" betrachtet werden können – selbst nicht in Indien. Dies wäre auch nicht in seinem Sinne gewesen. „So etwas wie ‚Gandhiismus' gibt es nicht", äußerte er einmal, „und ich wünsche keine Sekte zu hinterlassen." Ihm war es darum zu tun, daß andere Menschen unablässig mit der Wahrheit experimentierten und im Rahmen ihrer eigenen Kultur, der sie treu zu bleiben hätten, nach Mitteln und Wegen suchten, die ein moralisches Leben ermöglichten. Wenn es Dogmen Gandhis gibt, dann wenige und einfache: Gewaltlosigkeit zu üben, was gleichzeitig bedeutet, die Lebensweise in dem Maße zu vereinfachen, daß Gewalt überflüssig wird, und sich damit – als weitere Folge – einer Gleichheit im Materiellen bei unendlicher Vielfalt des Glaubens zu nähern.

Seit dem Beispiel, das Gandhi gegeben hat, kann nicht mehr bestritten werden, daß es eine lebensfähige revolutionäre Alternative zur gewalttätigen Revolution gibt, und in diesem Sinne haben sich unsere Aussichten auf eine Veränderung erweitert. In der Tat beweist die feindselige Einstellung der Verfechter der Gewalt zu Gandhi, wie sehr sie sich in ihren Absichten durch ihn bedroht fühlen. Seit der Befreiung Indiens sind die Methoden Gandhis in bestimmten Situationen mit Erfolg angewandt worden. Sie spielten bei der Befreiung Ghanas eine maßgebliche Rolle; mit ihrer Hilfe sind die Schwarzen Amerikas der Gleichberechtigung einen großen Schritt näher gekommen und haben kämpferisches Selbstbewußtsein entwickelt – eine Tatsache, welche die gewalttätigen Aktivisten wie die Black Panthers zu verdunkeln suchten. In Indien selbst ist seit dem Tode Gandhis – von Vinobha Bhaves Bhoodan-Bewegung mit dem Ziel einer Neuverteilung von Grund und Boden abgesehen – die Reorganisation des Landes nach Sprachgebieten zu einem großen Teil mit den von ihm entwickelten Methoden durchgeführt worden.

George Woodcock:
„Mahatma Gandhi"

Glossar

Ahimsa (skr. Nicht-Verletzen): Gewaltlosigkeit, grundlegender Bestandteil der Glaubensvorstellungen des Jainismus. Die Adepten dieser strengen Religion, die vor allem im Gujarat, der Heimatprovinz Gandhis, weit verbreitet ist, müssen folgende fundamentalen Eide (Vrata) leisten: sich nicht von lebenden Wesen zu ernähren, die Lüge zu meiden, nicht zu stehlen, sich nicht dem sexuellen Genuß hinzugeben und sich nicht an weltliche Güter zu klammern. Der wichtigste Vrata der Jainisten ist die Ahimsa. So findet man bei den strenggläubigen Jainisten nicht selten den Brauch, den Weg vor sich mit einem kleinen Besen zu fegen, um kein Insekt zu zertreten. Und um keine Insekten zu verschlucken, tragen manche Jainisten ein kleines Stück weißen Stoff vor dem Mund. Der Jainismus, von dem Gandhi stark beeinflußt wurde, verlangt, daß der Gläubige über mehrere Etappen den seelischen Frieden erlangen muß. So kann er sogar, wenn er das zwölfte der 14 Stadien erreicht hat, an Entkräftung sterben und seinen Körper verlassen. Man schätzt, daß es heute in Indien etwa 2 Mio. Jainisten gibt.

Belladonna: Rauschgift, hergestellt aus einem Extrakt aus den Wurzeln und Blättern der Tollkirsche.

Brahma: Gott des Hinduismus, einst höchste Gottheit, später von Wishnu und Shiwa verdrängt. In der hinduistischen Mythologie ist er der Schöpfer der Welt und wird oft mit dem Schicksal gleichgesetzt.

Brahmacharya: Hinduistischer Ritus, eigentlich in der Kaste der Brahmanen. Dieses Keuschheitsgelübde ist untrennbar mit dem Leben in einem Ashram verbunden.

Brahmane: Angehöriger der höchsten hinduistischen Kaste, der die Priester und Gelehrte angehören. Sie befassen sich mit dem Heiligen, bringen die Opfer dar und sorgen für die Übermittlung des Wissens. Brahmanen sollen, außer aus dem Bauch ihrer Mütter, auch aus dem Kopf des Gottes Brahma geboren sein und gelten daher als „zweimal geboren". Obwohl sich die Brahmanen ursprünglich nicht mit den Dingen der materiellen Welt befaßten, üben sie im modernen Indien auch zivile Berufe aus und bilden die Elite der Gesellschaft. Pandit Nehru z. B. stammte, im Gegensatz zu Gandhi, aus der Kaste der Brahmanen.

Das letzte Fasten 1947.

Brahma Samaj (skr. Versammlung der Brahma-sucher): Von dem durch westliches Gedankengut beeinflußten Brahmanen Ram Mohan Roy (1772–1833) 1828 in Kalkutta gegründete hinduistische Reformbewegung. Durch die Betonung eines ursprünglich allen Religionen zueigenen Monotheismus soll die Grundlage für eine Universalreligion gewonnen werden. Der hinduistische Bilderkult sowie die Witwenverbrennung werden als „Entartungen" angeprangert. Einer der bedeutendsten Vertreter des Brahma Samaj ist Debendranath Tagore (1817–1905).

Charkha: Einfaches Handspinnrad, von Gandhi zu einem Symbol der nationalen Eigenständigkeit erhoben.

Dominion: Bezeichnung für das besondere staatsrechtliche Verhältnis britischer Kronländer zum Mutterland. A.J. Balfour definiert das Dominion als „autonome Gemeinschaft innerhalb des British Empire, von gleichem Rang, ohne Unterordnung hinsichtlich seiner inneren und äußeren Politik, aber verbunden durch Loyalität zur Krone und als Mitglied des British Commonwealth of Nations frei assoziiert".

East India Company: 1599 von einer Gruppe Londoner Kaufleute gegründete Handelskompanie, die 1600 das Privileg auf das Monopol im Ostindienhandel erhielt, das dann „auf immer" erneuert wurde. Seit der zweiten Hälfte des 17. Jahrhunderts organisierte die Company Britisch-Indien, verlor jedoch 1813 ihr Monopol an Indien.

Harijan (hind. Person Gottes): Von Gandhi geprägte Bezeichnung für die Kaste der Unberührbaren (Paria), der niedrigsten Kaste in der hinduistischen Gesellschaft.

Hartal: Manifestation des Protests, die sich durch Schweigen und Beten ausdrückt und während derer jegliches soziale Leben erliegt. Der Hartal entspricht einem Generalstreik, von dem er sich jedoch vor allem darin unterscheidet, daß er radikal gewaltlos ist und Streikposten sowie die Übernahme der Macht ablehnt.

Karma (skr. Tat, Werk): Auswirkung des guten und schlechten Handelns auf das Schicksal des Menschen im gegenwärtigen und in den zukünftigen Leben. Gutes Handeln führt z. B. zur Wiedergeburt in einer höheren Kaste oder im Himmel, schlechtes Handeln zur Wiedergeburt als Tier oder in der Hölle. Nicht nur die Menschen, sondern auch die Götter unterliegen dem Karma, von dem man annimmt, daß es als feinstoffliche Substanz bei der Zeugung in den Mutterleib eingeht.

Kaste (von port. „casto", rein, keusch): Einteilung der hinduistischen Gesellschaft in fünf verschiedene Gruppen, die theoretisch eine völlige Ausschließung der anderen Kasten beinhaltet.

Das bedeutet u. a. die Zuordnung bestimmter Berufe zu den einzelnen Kasten, was aber im modernen Indien häufig durchbrochen wird. Es ist die Aufgabe jedes Kastenangehörigen, die seiner Kaste spezifisch zugeordneten Pflichten (Dharma) zu erfüllen, da es nur dadurch zu einer Wiedergeburt in einer höheren Kaste oder im Himmel kommen kann.

Khadi: Handgesponnene Baumwolle; ähnlich wie die Charkha von Gandhi als Symbol der nationalen Eigenständigkeit geprägt.

Mahatma (skr. Große Seele): Indischer Ehrentitel für Weise und Heilige.

Mogul: Herrscher der mongolischstämmigen Dynastie im Mogulreich, gegründet 1530 von Babur (eroberte von Kabul aus den Pandschab bis an die Grenze von Bengalen). Der letzte Mogulenherrscher, Bahadur, wurde 1858 formal von den Briten abgesetzt.

Rupie (Anna): Indische Währung, heute 1 Rupie = 100 **Annas**; bis 1945 ist 1 Rupie = 16 Annas = 64 Paisa = 1/15 Mohr.

Sahib (arab.-hind. Herr): Anrede für Europäer.

Satyagraha (skr. Festigkeit in der Wahrheit): Von Gandhi geprägter Begriff für seine Kampfform des gewaltlosen Widerstands. Ungleich dem passiven Widerstand geht es dabei nicht nur um die Gewaltfreiheit, sondern auch darum, den Gegner durch das eigene Verhalten weder zu demütigen noch zur Gewalt herauszufordern.

Zeittafel

2600 – 1600 v. Chr.: die vorindogermanische Industal-Kultur (Mohenjo-Daro).

Um 1500 v. Chr.: Einwanderung der indogermanischen Arier nach Indien.

Um 1200 v. Chr.: Niederschrift der Veden, der heiligen Texte des Hinduismus.

Um 600 – 300 v. Chr.: Niederschrift der Upanishaden, der philosophischen Kommentare zu den Veden.

Um 560 – 480 v. Chr.: Lebenszeit des Gautama Buddha.

599 – 527 v. Chr.: Lebenszeit des Mahavira, Begründer des Jainismus.

327 – 325 v. Chr.: Alexander der Große in Nordwestindien.

Um 400 v. Chr. – um 400 n. Chr.: Niederschrift des Ramayana und des Mahabharata, der beiden indischen Nationalepen.

Um 200 v. Chr.: Niederschrift der Bhagavad-Gítá (als Teil des Mahabharata-Epos).

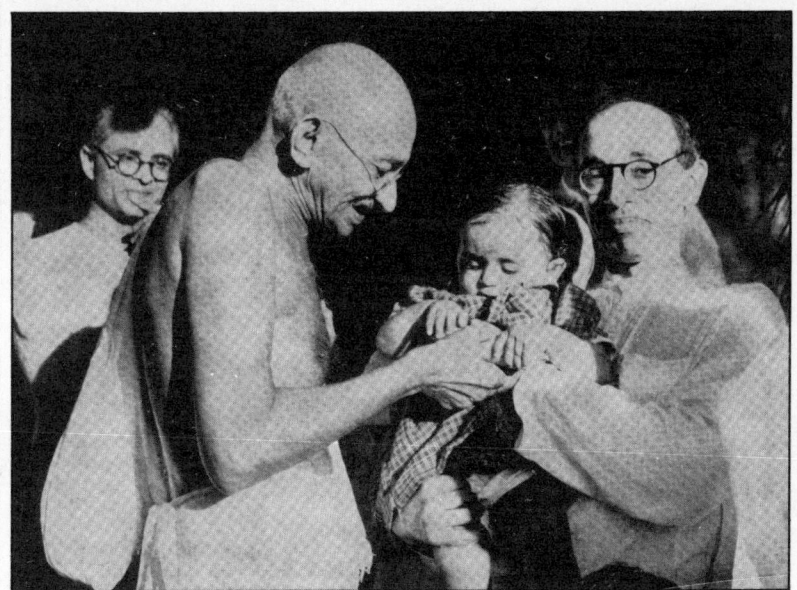

Um 200 v. Chr. – um 200 n. Chr.: Periode des größten buddhistischen und jainistischen Einflusses in Indien.

Um 200 v. Chr. – um 600 n. Chr.: Expansion des Hinduismus nach Südostasien und Indonesien.

Um 700 n. Chr.: Blüte der nach-vedischen (Vedanta)-Philosophie. Der Philosoph Shankara.

Um 1000 – 1200 n. Chr.: Verschwinden des Buddhismus aus Indien.

1193: Die moslemischen Fürsten von Ghor erobern Delhi.

1306 – 1326: Moslemische Eroberung des Dekkhan-Hochlandes und des Südens.

1469: Geburt Guru Nanaks, des Begründers der Sikh-Religion.

1498: Der Portugiese Vasco da Gama entdeckt den Seeweg nach Indien.

1526: Anfang des Mogul-Zeitalters.

1599: Gründung der East India Company in London; zunehmendes Engagement der Briten in Indien.

1757: Schlacht bei Plassey: Begründung der britischen Oberherrschaft in Indien.

1828: Gründung des Brahma Samaj.

1829: Verbot der Witwenverbrennung.

1857: Sepoy-Aufstand: gescheiterter Versuch der Inder, sich gewaltsam gegen die britische Fremdherrschaft zu erheben.

1858: Auflösung der East India Company, Umwandlung Indiens in eine Kronkolonie.

1836 – 1886: Lebenszeit des Mystikers Ramakrishna.

1862 – 1902: Sein Schüler Swami Vivekananda, ein bedeutender Hindu-Reformer.

1861 – 1941: Der Dichter Rabindranath Tagore (erhielt 1913 den Nobelpreis für seine Lyrik).

1869 – 1948: Mohandas K. Gandhi, politischer Reformer und Freiheitskämpfer.

1875: Gründung der Theosophischen Gesellschaft, die die indische Weisheit im Westen bekannt macht.

1877: Königin Victoria nennt sich „Kaiserin von Indien".

1885: Gründung der Allindischen Kongreßpartei (als Organ des Unabhängigkeitswillens).

1893 – 1914: Gandhi in Südafrika.

1919: Das Blutbad von Amritsar.

1920 – 1922: Gandhis erster Satyagraha-Feldzug.

1930: Zweiter Satyagraha-Feldzug: Salzmarsch.

1931: Konferenz am runden Tisch in London.

1942: Dritter Satyagraha-Feldzug Gandhis.

1947: Indian Independence Act: staatliche Unabhängigkeit Indiens.

1950: Die Verfassung der Indischen Union tritt in Kraft.

Kleine Auswahl der weiterführenden Literatur

Werke von Mohandas Karamchand Gandhi

Gandhi für Christen. Eine Herausforderung. Einleitung und Textauswahl von A. Sequeira, Freiburg/Basel/Wien 1987.

Worte des Friedens. Herausgegeben von Maria Otto, Freiburg/Basel/Wien 1984.

Handeln aus dem Geist. Ausgewählt und eingeleitet von Gertrude und Thomas Sartory, Freiburg/Basel/Wien 1977.

Sarvodaya (Wohlfahrt für alle). Mit Beiträgen von Vinoba Bhave und anderen. Hrsg. von Bharatan Kumarappa, Gladenbach 1975.

Gedanken. Ausgewählt von Mira Behn, Wien 1974.

Freiheit ohne Gewalt. Herausgegeben von Klaus Klostermeier, Köln 1968.

Vom Geist des Mahatma. Ein Gandhi-Brevier. Herausgegeben von Fritz Kraus, Baden-Baden 1957.

Die Botschaft des Mahatma Gandhi. Herausgegeben von Zakir Husain und Alfred Ehrentreich, Berlin 1924.

Ein Wegweiser zur Gesundheit, Zürich 1925.

Jung-Indien: Aufsätze aus den Jahren 1919 – 1922. Ausgewählt von Romain Rolland, eingeleitet von John. H. Holmes, Zürich 1924.

Werke über Mohandas Karamchand Gandhi

William Barman: Gandhi and non-violence, New York 1986.

Anton Bastian: Mahatma Gandhi. Leben, Werk und Lehre, Wien 1955.

Alfred Bloch: Wo reicht Gandhis Bedeutung über Indien hinaus? Gedenkrede aus Anlaß der 100. Wiederkehr des Geburtstages Mahatma Gandhis, Basel 1970.

George Catlin: Auf Gandhis Spuren, Hamburg 1949.

Erik Erikson: Gandhis Wahrheit. Über die Ursprünge der militanten Gewaltlosigkeit, Frankfurt 1978.

Louis Fischer: Gandhi. Prophet der Gewaltlosigkeit, München 1983.

Arun Gandhi: Kasturbai und Mahatma Gandhi, Gladenbach 1973

Gandhi-Informations-Zentrum (Hrsg.): My life is my message. Das Leben und Wirken von Mohandas Karamchand Gandhi, Kassel 1988.

Ignatius Jesudasan: Mahatma Gandhis Weg zur Freiheit, Olten/Freiburg 1987.

Arnold Köpke-Duttler (Hrsg.): Buber – Gandhi – Tagore. Aufforderung zu einem Weltgespräch, Frankfurt 1989.

Werner Kremp: Gewaltlosigkeit und Wahrheit. Studien zur Therapie der Gewalt bei Platon und Gandhi, Meisenheim/Glan 1975.

Muriel Lester: Weltbürger Gandhi, Meitingen 1949.

Walter Maas: Mahatma Gandhi. Sein Leben und sein Werk, Berlin 1949.

Walter Molt: Die Pädagogik von Mahatma Gandhi, Meisenheim/Glan 1970.

Emil Wilhelm Muehlmann: Mahatma Gandhi. Der Mann, sein Werk und seine Wirkung. Eine Untersuchung zur Religionssoziologie und politischen Ethik, Tübingen 1950.

Pandit S. Nehru: Mahatma Gandhi. Leben und Werk des großen Feiheitskämpfers, Bergisch-Gladbach 1983.

Rashni-Sudha Puri: Gandhi on war and peace, New York 1987.

Karlheinz Renfordt: Mahatma Gandhi. Ein Publizist der Tat und des Beispiels, Berlin 1959.

Romain Rolland: Mahatma Gandhi, Zürich 1923.

Bietmar Rothermund: Mahatma Gandhi. Die Revolution der Gewaltlosigkeit. Eine politische Biographie, München 1989.

Gotthilf A. Schenkel: Mahatma Gandhi, Leben und Werk, Stuttgart 1949.

Vincent J. Sheean: Mahatma Gandhi oder Der Weg zum Frieden, Wien 1950.

Otto Wolff: Mahatma Gandhi. Politik und Gewaltlosigkeit, Göttingen/Berlin/Frankfurt 1963.

Werner Zimmermann: Mahatma Gandhi. Sein Leben und sein Werk, München 1947.

George Woodcock: Mahatma Gandhi. Festhalten an der Wahrheit. München/Zürich 1986.

Werke zum Thema Ziviler Widerstand/ Gewaltfreie Aktion

U. Albrecht: Soziale Verteidigung. Friedens- und Sicherheitspolitik in den 80er Jahren, Berlin 1972.

Michael Blume: Satyagraha. Wahrheit und Gewaltfreiheit, Yoga und Widerstand bei M.K. Gandhi, Gladenbach 1987

Theodor Ebert. Gewaltfreier Aufstand. Alternative zum Bürgerkrieg, Frankfurt/Main 1970.

Theodor Ebert: Wehrpolitik ohne Waffen. Vom passiven Widerstand zur sozialen Verteidigung, Opladen 1972.

Theodor Ebert: Ziviler Widerstand. Fallstudien zur gewaltfreien, direkten Aktion aus der innenpolitischen Friedens- und Konfliktforschung, Düsseldorf 1970.

Richard B. Gregg: Die Macht der Gewaltlosigkeit, Gladenbach, 4. Auflage 1982.

St. King-Hall: Den Krieg im Frieden gewinnen, Hamburg 1958.

A. Roberts (Hrsg.): Gewaltloser Äquivalent des Krieges – die gewaltlose Aktion. In: E. Krippendorff (Hrsg.): Friedensforschung, Köln 1968.

Verwendete Literatur

Hans Joachim Storig: Kleine Weltgeschichte der Philosophie. © beim Autor.

Gustav Mensching: Buddhistische Geisteswelt. Aus dem buddhistischen Textkanon. © Dr. Gerhard Mensching.

K. O. Schmidt (Bearbeiter): Bhagavad Gita – Das Hohe Lied der Tat. © 1968 by Drei Eichen Verlag, Ergolding.

Bal Gangâdhar Tilak. Indische Geisteswelt, Band 1. Herausgegeben von Helmuth von Glasenapp. © Verlag Werner Dausien, Hanau.

M. K. Gandhi: Eine Autobiographie oder Die Geschichte meiner Experimente mit der Wahrheit. Übersetzt von Fritz Krause. © 1977 Verlag Hinder + Deelmann, Gladenbach.

Henry David Thoreau: Über die Pflicht zum Ungehorsam gegen den Staat und andere Essays. Aus dem Amerikanischen von Walter E. Richartz. © 1973 by Diogenes Verlag AG, Zürich.

Leo N. Tolstoj: An Gandhi, Transvaal; M. K. Gandhi, 4. April 10; An Mahatma Gandhi, 8. Mai 1910; An Gandhi, 7. September 1910, aus: Reden gegen den Krieg. it 703, Hrsg. Peter Urban. © Insel Verlag Frankfurt am Main 1983.

M. K. Gandhi: Sarvodaya (Wohlfahrt für alle). Übersetzung von Karl Müller. © 1962, 3. Auflage 1983 Verlag Hinder + Deelmann, Gladenbach.

Mira Behn (Hrsg.): Gedanken von Mahatma Gandhi. © India, 1962. Josef Neuf Gesellschaft M. B. H. Druck und Verlag, Wien.

Martin Luther King: Mein Weg zur Gewaltlosigkeit (S. 74 unten – S. 75 unten); aus: Freiheit. © Oncken Verlag, Wuppertal und Kassel.

Heinrich Wenz: Weltmacht Indien. © 1951, Büchergilde Gutenberg, Frankfurt am Main.

George Woodcock: Mahatma Gandhi. Die Originalausgabe erschien 1972 in der Reihe „Fontana modern masters", hrsg. von Frank Kermode, im Verlag Wm. Collins & Co. Ltd., London. © George Woodcock 1972. © der Übersetzung by R. Piper GmbH & Co. KG, München 1986.

Bildnachweis

Abkürzungen: N.G.M. = National Gandhi Museum, Delhi.

Umschlag
Vorderseite: Portrait Gandhis, um 1930. Paris, Keystone.
Buchrücken: Gandhi im Kostüm des Satyagrahi. Ausschnitt aus einem Fresko von Kripal Singh Shekhawat. Delhi, Birla House.
Rückseite: Gandhi am Spinnrad. Gemälde in seinem Ashram Sabarmati. N.G.M.

Bildvorspann
Fresken mit den einzelnen Episoden aus dem Leben Gandhis von Kripal Singh Shekhawat. Delhi, Birla House.
11   Gandhi in Bengalen. Foto von 1946. N.G.M.

Erstes Kapitel
12   Königin Victoria vor der St. Paul's Cathedral bei ihrem Regierungsjubiläum von 1897. Gemälde von John Charlton 1899. Paris, Gallimard.
13   Elefant. Aquarell von William Simpson 1861. Ebd.
14   Die Residenz des Vizekönigs in Simla. Gemälde von Gen. John Ardagh. Ebd.
14/15   Königin Victoria 1893. London, National Portrait Gallery.
15   Rudyard Kipling, englischer Schriftsteller (1865-1936). Ebd.
16   (oben) Jagdszene in Lahore. Paris, Gallimard.
16   (unten) Der 6. Nizam von Hyderabad und seine Jagdtrophäen. Ebd.
17   Maharadscha K.S. Ranjitsinhji im Krickett-Kostüm. Humoristische Zeichnung von Spy (Sir Leslie Ward). Ebd.
18   Bhils, die Ureinwohner Indiens. Ebd.
18/19   Die Moschee in Custom House, Delhi. Zeichnung von William Simpson, Januar 1860. Ebd.
20   (oben links) Radha und Krishna. Volkskunst aus Bombay 20. Jh. Ebd.
20   (oben rechts) Shiva und seine Gemahlin. Volkskunst aus Südindien 20. Jh. Ebd.
20   (unten links) Skanda, der Sohn von Shiva und Parvati. Volkskunst. Ebd.
20   (unten rechts) Ganesha, Sohn von Shiva und Parvati. Volkskunst 20. Jh. Ebd.
21   Vishnu und Lakshmi. Volkskunst aus Südindien. Ebd.
22   (oben) Hindu-Bestattung. In: Auguste Racinet: Le costume historique, Paris 1888. Ebd.
22   (unten) Frau, Kinder und Mann aus dem Volk der Parsen von Bombay. In: Frédéric Hottenroth: Le costume: les armes, ustensils, outils des peuples anciens et modernes. Ebd.
23   (oben links) Moslemische Bestattung. In: Auguste Racinet, a.a.O.
23   (oben rechts) Der heilige Franz-Xaver. Volkskunst aus Südindien. Paris, Jean-Louis Nou.

23 (unten) Indische Juden. In: Frédéric Hottenroth, a.a.O.
24 (oben) Guru Nanak. Ausschnitt aus einem Gemälde aus der Kangara-Schule 18. Jh. Paris, Rapho/Roland und Sabrina Michaud.
24 (unten) Guru der Sikhs. Gemälde aus dem Pandschab. Malaikotla-Museum.
24/25 (oben) Siddharta, der zukünftige Buddha, steigt auf die Erde herab. Ausschnitt aus einem Gemälde in den Grotten von Ajanta. Paris, Rapho/Roland und Sabrina Michaud.
24/25 (unten) Paranirwana Buddhas. Manuskript auf einem Palmenblatt, Epoche der Pala, Anfang 12. Jh. Delhi, Museum von Delhi.
25 (oben) Meditierender jainistischer Mönch. Miniatur aus der Jodhpur-Schule 18. Jh. Paris, Rapho/Roland und Sabrina Michaud.
25 (unten) Betende jainistische Pilger. Jainistische Miniatur 17. Jh. Ebd.
26 Hindu-Witwe wirft sich in die Scheiterhaufen ihres toten Mannes. Kolorierter Stich in: Frederic Shoberl: The World in Miniature, Hindoostan, 1822. Paris, Société géographique.
26/27 Die Göttin Kali. Volkskunst 19. Jh. Paris, J.-L. Charmet.
28 (links) Geburtshaus Gandhis in Porbandar. Gouvernment of India.
28 (rechts) Der siebenjährige Gandhi. N.G.M.
29 Demut gegenüber der Gottheit. Miniatur aus dem Dekkhan 18. Jh. Paris, Rapho/Roland und Sabrina Michaud.
30 (oben) Hindu-Trauungszeremonie. Gemälde um 1887. London, India Office Library.
30 (unten) Kasturbai bei ihrer Ankunft in Südafrika 1896. Paris, Gallimard.
31 Der 14jährige Gandhi (links) mit seinem Bruder Laxmidas um 1883. Gouvernment of India.
32 Karamchand Gandhi, Gandhis Vater. N.G.M.
33 Gandhi (unten rechts) mit Mitgliedern der Vegetarischen Gesellschaft in London 1890. Ebd.
34 London 1884. Paris, Collection Sirot-Angel.
34/35 Szene aus der Bhagavad Gitá. Miniatur aus Südindien 18. Jh. Paris, Rapho/Roland und Sabrina Michaud.

Zweites Kapitel
36 Hunger in Indien. In: Le petit journal vom 7. Februar 1897. Paris, Charmet.
37 Ausweisung der indischen Kulis aus Südafrika 1898. Federzeichnung. Paris, Gallimard.
38 Gandhi als Anwalt in Südafrika, umgeben von seinen Gehilfen vor seiner Kanzlei. N.G.M.
39 (links) Gandhi im Alter von 40 Jahren als Rechtsanwalt in Südafrika. Johannesburg 1900. Ebd.
39 (rechts) Gandhi mit Kongreßkäppchen. Ebd.
40 Die West Street in Durban, Südafrika um 1890. Paris, Gallimard.
41 Ankunft von Indern in Durban gegen Ende des 19. Jh. Ebd.
42 Die Tolstoj-Farm bei Johannesburg. Ebd.

42/43 Hindu-Barbier. In: Brahme Sami: Moeurs et usages des Indiens, 1780. Paris, Bibl. nat.
43 Gandhi mit dem indischen Sanitäterkorps in Südafrika während des Burenkriegs (Detail) 1899. N.G.M.
44 Indische Sanitäter während des Burenkriegs im Transvaal. In: Le petit journal Ende 19. Jh., a.a.O.
45 (links) Gandhi in Satyagrahi-Kleidung 1914, Südafrika. N.G.M.
45 (rechts) Gandhi und Kasturbai bei ihrer Ankunft in Südafrika. Ebd.
46 General Jan Smuts gegen 1898. London, BBC Hulton Picture Library.
46/47 Die Proklamation der neuen Regierung im Transvaal 1907. Paris, Roger-Viollet/Harlingue.
48/49 Der Transvaalmarsch. N.G.M.
49 Gandhi. Ebd.

Drittes Kapitel
50 Gandhi und Kasturbai 1915 in Bombay. Ebd.
51 Menschenmenge vor einem Eisenbahnwaggon dritter Klasse. Paris, Keystone.
53 (links) Gandhi. N.G.M.
53 (oben Mitte) Rabindranath Tagore, indischer Schriftsteller und Poet (1861-1941). Paris, Roger-Viollet.
54 Der Ashram von Sabarmati. N.G.M.
54/55 Gandhi und seine Mitstreiter 1916. Paris, Informationsdienst der Indischen Botschaft.
55 Annie Besant (1847–1933). London, BBC Hulton Picture Library.
56/57 Indigomanufaktur in Indien. Aquarell von William Simpson 1863. Paris, Gallimard.
58/59 Weber in Südindien. Paris, Roger-Viollet.
59 Banya-Baum. In: W. und T. Daniell: Oriental Scenery I no. 10, Nov. 1795. Paris, Gallimard.
60 General Dyer (1864–1927). London, Illustrated London News Picture Library.
60/61 Die englische Polizei löst eine indische Demonstration auf, um 1920. Paris, Roger-Viollet/Harlingue.
62 Nachdenklicher Gandhi. N.G.M.
63 (links) Besuch des Prinzen von Wales in Indien 1922. Paris, Gallimard.
63 (rechts) Gandhi am Spinnrad, April 1930. Paris, Keystone.
64 Gandhi besucht Gefangene in Kalkutta (um 1937?). N.G.M.
65 Gandhi in seinem Ashram in Sevagram. Paris, Gallimard.
66 (oben) Sarojini Naidu, Dichterin und Politikerin (1879–1949). Ebd.
66 (unten) Gandhis Charkha auf der Kongreßfahne. N.G.M.
67 Gandhi und Indhira Gandhi in Delhi 1924. Ebd.

Viertes Kapitel
68 Portrait Gandhis um 1930. Ebd.
69 Boykottbriefmarke mit dem Konterfei
Gandhis. Paris, Keystone.
70/71 Manifestation des zivilen Ungehorsams,
Bombay 1932. Paris, Gallimard.
72 Gandhi und Sarojini Naidu während des Salzmarsches, März 1930 (rechts Sarojini Naidu).
N.G.M.
73 Die wichtigsten Stationen in Gandhis Leben.
Karte von Patrick Mérienne. Paris, Gallimard.
74 (oben) Der Salzmarsch 1930. N.G.M.
74 (unten) Der Salzmarsch 1930. Ebd.
75 Gandhi hebt am Strand von Dandi eine Handvoll Salz auf, 6. April 1930. Ebd.
76/77 Gandhi in London 1931. Ebd.
78 (oben) Englische Polizisten vor einem Gefängnis in Bombay um 1930. Paris, Keystone.
78 (unten) Militanter indischer Kommunist, der
anläßlich der Feier zum 1. Mai in London in den
1930er Jahren die Unabhängigkeit Indiens fordert.
Paris, Roger-Viollet.
78/79 Gandhi bei der zweiten Konferenz am
runden Tisch in London 1931. N.G.M.
80 (oben) Gandhi mit Charlie Chaplin. Ebd.
80 (Mitte) Gandhi pflanzt in dem Viertel, in dem
er als Student in London wohnte, einen Baum,
Dezember 1931. Paris, Keystone.
80 (unten) Gandhi wird von den Arbeitern einer
Baumwollfabrik in Lancashire gefeiert 1931. Ebd.
80/81 Gandhi in seiner Londoner Wohnung
1931. Ebd.
82/83 Verhaftung von Gandhis Partisanen. In:
Le petit journal, Mai 1930, a.a.O.
84 Widerstand der Inder gegen die englische
Okkupation. In: La Domenica del Corriere, Stich
von Achille Beltrame 1930. Paris, Dagli-Orti.
85 Festnahme Gandhis in Bombay. Ebd.

86 „Samudra" („Ozean"). Ausschnitt aus dem
„Purabi" („Abendgesänge"). Manuskript von der
Hand Tagores 1924. Pondichéry, Institut français
d'Indologie.
87 (oben) Dr. Ambedkar. Paris, Keystone.
87 (unten) Gebet der Parias in Bombay anläßlich
Gandhis Fasten 1932. Ebd.
88 Gandhi und Abdel Ghaffar Khan 1938. Paris,
Informationsdienst der Indischen Botschaft.
89 Gandhi und Nehru. N.G.M.

Fünftes Kapitel
90 Japanische Kriegsfront in Birma 1943. Paris,
Roger-Viollet/Lapi.
91 Japanischer Angriff auf Pearl Harbour am
7. Dezember 1941. Paris, Roger-Viollet.
92 (linke drei Fotos) Gandhi, Nehru und
Maulana Azad. N.G.M.
92 (rechtes Foto) Jinnah. Paris, Gallimard.
93 Japanischer Angriff auf Pearl Harbour
am 7. Dezember 1941. Washington, National
Archives.
94 Winston Churchill 1939. Paris, Keystone.
94/95 (oben) Straßenschlacht in Indien in den
1940er Jahren. Paris, Gallimard.
94/95 (unten) Gandhi zusammen mit Maulana
Azad und Kripalani im August 1942. Ebd.
96/97 (oben) Schlagzeile der „Times of India"
vom 10. August 1942. Ebd.
96/97 Straßenszene mit englischen Polizisten.
Paris, Gallimard.
98 Jinnah und Gandhi 1939. N.G.M.
99 Gandhi mit der Leiche seiner Frau Kasturbai.
Ebd.
100/101 (oben) Schlagzeile der Amrita Bazar
Patrika vom 15. Juli 1945. Paris, Gallimard.
100/101 (unten) Gandhi und Lord Petwick Law-
rence im April 1946. Ebd.

102 Monumentales Tor des Minakshi-Tempels in Madurai. Paris, Collection Sirot-Angel.
103 Die Modjibaman-Moschee in Lucknow. Ebd.
104 Am 15. August 1948 weht die indische Flagge über Fort Rouge in Delhi. Paris, Gallimard.
105 Pandit Nehru bei einer Rede zur Unabhängigkeit Indiens. Thoiry, Paul Almasy.

Sechstes Kapitel
106 Moslemische Flüchtlinge im September 1947. London, Popperfoto.
107 Fliehendes Moslemmädchen. Paris, Keystone.
108 Zusammenstoß zwischen Hindus und Moslems zur Zeit der Unabhängigkeit Indiens 1947. Ebd.
108/109 Gandhi, um 1947. Paris, Informationsdienst der Indischen Botschaft.
109 Gandhi mit Lord Louis und Lady Mountbatten in Delhi 1947. Delhi, Nehru Memorial Museum and Library.
110/111 Gandhi und seine Gefährten an der Küste von Bombay (Ausschnitt). Gouvernment of India.
111 Gandhi im Garten von Birla House, Delhi, 1948. Magnum/Henri Cartier-Bresson.
112 Gandhi und seine zwei Nichten 1947. London, Popperfoto.
113 Die beiden Nichten Gandhis zeigen sein blutverschmiertes Gewand. N.G.M.
114/115 Gandhis aufgebahrter Leichnam 1948. Paris, Keystone.
115 Nathuram Godsé, der Mörder Gandhis (12. Mai 1948). Paris, Gallimard.
116/117 Der Scheiterhaufen Gandhis 1948. Magnum/Henri Cartier-Bresson.
118/119 Menschenmenge bei der Übergabe der Asche Gandhis an den Ganges. Ebd.
120 Nehru gibt den Tod Gandhis vor Birla House im Januar 1948 bekannt. Ebd.
120/121 (oben) Amphibienfahrzeug mit der Asche Gandhis. Paris, Keystone.
120/121 (unten) Menschenmenge an der Straße beim Transport der Asche Gandhis. Magnum/ Henri Cartier-Bresson.
122 Gandhis persönliche Habe z. Zt. seines Todes. N.G.M.
122/123 Gandhi 1930. Stich von Bahnori. VIP/ Sipa Icono.
124 Gandhi von hinten. N.G.M.
124/125 Gandhi mit Gefährten. Ebd.
125 Portrait Gandhis. Ebd.
126 Nehru und Gandhi. Volkstümliches Bild, um 1940. Paris, Roger-Viollet.
127 Biographie Gandhis. Volkskunst. Paris, Edimedia.
128 Gandhi in Noakhali (?), um 1947. N.G.M.

Zeugnisse und Dokumente
129 Portrait Gandhis. N.G.M.
130 Gandhi (Detail): Ebd.
133 Buddha. © Berlin, Archiv für Kunst und Geschichte.
136 Gandhi und seine Frau Kasturbai. N.G.M.
139 Gandhi bei einem rituellen Bad bei Cap Comorin. Ebd.
141 Henry David Thoreau. Pastellzeichnung von Samuel Worcester Rowse. © Bilderdienst Süddeutscher Verlag, München.
144 Gandhi am Webstuhl. © Berlin, Archiv für Kunst und Geschichte.
148 Leo Nikolaevic Tolstoj. Ebd.
152 John Ruskin. Ebd.
155 Gandhi als Satyagrahi, um 1912. Paris, Informationsdienst der Indischen Botschaft.
160 Gandhi bei einer Rede. N.G.M.
163 Gandhi verläßt den Ashram von Sevagram, gegen 1938. N.G.M.
165 Witwenverbrennung im Indien des 19. Jahrhunderts. In: Costumes et moeurs, 16.–18. Jh. Paris, Bibl. nat.
166 Inder in Südafrika gegen Ende des 19. Jh. Paris, Gallimard.
170 Gandhi und sein Vertrauter Nehru. N.G.M.
173 Mira Behn und ihr Bapu 1931 bei Romain Rolland. Paris, Roger-Viollet.
175 Gandhi mit Mira Behn in London, um 1930. Paris, Collection Sirot-Angel.
177 Portrait Gandhis. Paris, Keystone.
178 Martin Luther King jr. © Berlin, Archiv für Kunst und Geschichte.
181 Das letzte Fasten, 1947. Paris, Magnum/ Henri Cartier-Bressou.
183 Gandhi mit einem kleinen Kind. Foto. Paris, Enguerand.
187 Gandhi bei Romain Rolland in Villeneuve 1931. Foto. Paris, Collection Sirot-Angel.

Register

Inhalt